U0948034

【盛世风华系列】

姜正成◎主编

中国财富出版社

图书在版编目（CIP）数据

天下一统：说说太康之治那些事儿 / 姜正成主编. —北京：中国财富出版社，2014.6

（盛世风华系列）

ISBN 978-7-5047-5003-7

Ⅰ. ①天… Ⅱ. ①姜… Ⅲ. ①中国历史-秦汉时代-通俗读物 Ⅳ. ①K232.09

中国版本图书馆 CIP 数据核字（2013）第281640号

策划编辑	王秋萍	**责任印制**	方朋远
责任编辑	康书民　宋　宇	**责任校对**	梁　凡

出版发行	中国财富出版社		
社　　址	北京市丰台区南四环西路188号5区20楼	**邮政编码**	100070
电　　话	010-52227568（发行部）		010-52227588转307（总编室）
	010-68589540（读者服务部）		010-52227588转305（质检部）
网　　址	http：// www. cfpress. com . cn		
经　　销	新华书店		
印　　刷	北京柯蓝博泰印务有限公司		
书　　号	ISBN 978-7-5047-5003-7 / K・0130		
开　　本	710mm × 1000mm　1/16	**版　　次**	2014 年 6 月第 1 版
印　　张	16	**印　　次**	2014 年 6 月第 1 次印刷
字　　数	206千字	**定　　价**	33.00元

前言

司马炎，字安世，司马昭长子，在司马昭死前三个月正式被确立为世子。265年，司马炎为自己荡平了一切阻碍，代魏称帝，建立西晋，定都洛阳，为晋武帝。建立西晋后，晋武帝司马炎为了统一天下，曾派名将羊祜、杜预等攻打吴国。由于晋武帝准备充分、时机恰当、战略正确，前后仅用了四个多月，便顺利地夺取了灭吴战争的全面胜利。280年，吴主孙皓投降，晋武帝司马炎封他为归命侯，至此，三国鼎立的局面完全结束。晋武帝司马炎统一了全国，结束了八十年的分裂局面。

晋武帝司马炎即位后，为开创新的业绩，以洛阳为中心，在全国采取了一系列措施，逐步使百姓摆脱了战乱之苦，使国家走上了发展之路。主要的措施有发展经济、整顿吏治、大兴文化等。其中，这一时期所盛行的文化就是被后人所津津乐道的“太康文学”，其代表人物有一左（左思）、二陆（陆机、陆云兄弟）、两潘（潘岳、潘尼叔侄）、三张（张载、张协、张亢兄弟）。正是这些措施的实施，为中华民族古代灿烂的文化和经济做出了一定的贡献，使国家出现了空前繁荣的局面，史称“太康盛世”。当时社会民生富庶，人民安居乐业，呈现一派繁荣的新局面。

本书共分九章，每章下又分为了几个小节，每小节都辅以人物线索，以风趣幽默的语言从文献资料、民间传说和学术论著等多个角度，详细地叙述了太康盛世的历史事件，相信本书在给广大读者带来无限乐趣的同时更能为大家提供一扇了解历史的窗口。

编　者

2014年1月

目录

第一章　司马崛起　权倾天下

司马家族是一个历史悠久的家族，而司马懿是司马家族中一位里程碑式的人物，司马家族在司马懿之后开始崛起，把持了曹魏大权。

第二章 代魏称帝 建立西晋

265年，司马昭病死，享年55岁。司马炎继承相国、晋王位，掌握全国军政大权。经过精心准备，同年12月，仿效曹丕代汉的故事，为自己登基做准备。265年，司马炎登上帝位，改元为泰始，国号大晋，史称西晋。

第三章 征战四方 天下统一

司马炎即位之后，面临着严重的内忧外患，为了巩固政权，进而完成吞并东吴、统一全国、解除内忧外患的局面。司马炎对内加强集权，强化统治，对外借刀杀人，巧妙安抚，从而一统天下。

第四章 发展经济 革新律令

晋武帝即位后，常年的征战，造成国库空虚，经济衰退。太康元年，司马炎在平吴之后，颁布占田课田制，并且对既存律令进行大规模的改造，去其繁苛，存其清约。终使牛马遍野，余粮委田，国泰民安。

第五章 民族融洽 四海一家

晋武帝在位期间，明白要想国家繁荣，必须先让国家安宁，于是他重用大将，抵御入侵，降服四海，使国家出现了四海升平、天下康宁的繁荣景象。

第六章 贤臣良将 济济一朝

司马炎即位后，为了能使国家快速发展强大，不计较人才的地位和身份，因人而异地给予合适的官职，终使国富民强，盛世初现。

天下一统

第九章 立储不当 遗祸无穷

西晋成立之初，晋武帝为了收买人心，大封功臣，许多大家族都被封为公侯。短短几年时间，晋武帝共封了57个王，500多个公侯。这也就导致了后来的贾后之乱和八王之乱，使天下局势混乱。

第一章 司马崛起　权倾天下

司马家族是一个历史悠久的家族，而司马懿是司马家族中一位里程碑式的人物，司马家族在司马懿之后开始崛起，把持了曹魏大权。

蛰伏河内

追溯司马家族的历史，要从三国时期说起，首先要了解晋朝开国皇帝司马炎的祖父司马懿。

司马懿（179—251年），字仲达，河内郡温县孝敬里人。三国时期魏国杰出的政治家、军事家，西晋王朝的奠基人。曾任曹魏大都督、大将军、太尉、太傅，是辅佐了魏国三代的托孤辅政之重臣，后期成为掌控魏国朝政的权臣。他善谋奇策，多次征伐有功，其中最显著的功绩是两次率大军成功对抗诸葛亮北伐和远征平定辽东。对屯田、水利等农耕经济发展有重要贡献。73岁去世，辞郡公和殊礼，葬于首阳山，谥号“宣文”。次子司马昭封晋王后，追封司马懿为宣王；司马炎称帝后，追尊司马懿为宣皇帝。

司马懿的祖先可以追溯到黄帝之孙高阳的儿子重黎（《史记·楚世家》则称重黎是高阳的孙子），他是帝高辛的“火正”。在上古时代，人们崇尚火，司火的火正地位也比较高。因为重黎有功劳，所以被帝高辛封为“祝融”，意思是像祝融神那样可以光照世界。随后，重黎的后代也一直做着这个官职，直到周朝，官职的名称由“祝融”改为“司马”。

《尚友录》说，在周宣王的时候（公元前827年—公元前781年），程伯林父担任司马，攻克了许方，因功被允许以官职为姓，因而得姓

“司马”。

晋朝的天下是司马炎从曹魏手里“禅让”来的。

什么叫禅让？中国古代最高权位的更换有三种方式：

一是造反，没当过皇帝的人用武力把皇帝赶下去，自己来当皇帝，各个朝代的开国太祖大多数是这样坐上皇位的；

二是世袭，皇帝死之后，由他的子孙后代一辈辈接替当皇帝；

三是禅让，以前的皇帝还健在，但由于各种原因不能再当下去，自己主动或者被动地指定一个人继承自己的皇位，这就是禅让。

曹魏掌握了几十年的政权凭什么好端端地白送给司马家呢？西方谚语说：“一代贵族需要三代人才能培养而成。”司马家开创晋朝帝业同样也经历了三代人的苦心努力。

第一代是司马炎的爷爷司马懿，第二代是其伯父司马师和其父亲司马昭，前两代处心积虑几十年打下了日后曹魏不得不禅让帝位给司马炎的基础。

司马懿就是《三国演义》中诸葛亮的头号劲敌，虽然中过诸葛亮的空城计，也曾被“死诸葛吓走活仲达”（司马懿，字仲达），但终归有力地阻止了诸葛亮伐魏的壮志雄心，耗得诸葛亮死在了自己前头。

司马懿画像

诸葛亮生前的劲敌不止司马懿一个，但如此全面的人才却独这一家，因为其他的人都受传统忠孝观念的束缚，最多在军事上能抵挡诸葛亮一阵，但司马懿却怀有谋取帝业、独吞天下的雄心。

像历代“忠臣”一样，诸葛亮也同样受忠君思想影响，空有经天纬地之才，却处处受制于刘禅这个白痴皇帝，如果他能有司马懿的雄心，自己称帝，恐怕历史就要改写了。

司马懿的祖上有不少在汉朝做过官，属于望族，但他自己最初并没有从政。东汉建安六年，当时的司空曹操邀请司马懿出来做官，祖上历代为官的司马懿性格谨慎，深知官场叵测，出来为官，弄得好光宗耀祖，弄不好却是要掉脑袋的。所以他假装中风，谎称半身不遂。

曹操是何等人也？要真想瞒过曹操，司马懿就这装病的伎俩也太拙劣了。刚才还被郡中举荐，怎么我来征召，你就突然病了？

对于装病，尤其是装中风病，曹操本人可是行家里手。据《曹瞒传》记载，曹操年少行为不端，叔父多次到曹操父亲曹嵩处告状，一次曹操看见叔父，突然假装嘴眼歪斜，叔父大惊，询问缘由，曹操说自己是中风了。等曹嵩闻讯叫来曹操的时候，曹操却一切如常。曹嵩说：“你叔父说你中风了，是不是现在好了？”曹操说：“我压根就没中什么风，只是叔父不喜欢我，才骗你的。”从此，曹操的叔父给曹嵩汇报曹操的不端行为，曹嵩再也不相信了。因为装病这把戏是曹操年幼之时玩剩下的，司马懿今天这样，曹操岂不生疑？听了汇报以后，曹操还是派人偷偷对司马懿家进行监视：如果你司马懿装得不像那回事儿，就直接刺死你。

曹操派去打听消息的人潜到司马懿卧室外面，偷偷望去，只见佣人们送汤送药忙个不停，司马懿躺在床上僵卧不动，见人就哆嗦，就是不能说话，看来是真瘫痪了。

此人回来向曹操汇报后，要司马懿做官的事才暂时搁置了起来。

有人要问了：当官不是好事吗？司马懿装病不做官有必要吗？现代人

以当官为进步的标志，哪里知道当年做官的凶险啊。后代当官的站错队，顶多丢官罢职了事，那个时候当官的如果站错队，犯了政治错误是要灭三族的。司马懿能不小心吗？

但百密一疏，有一天司马懿发现家中藏书发霉了，叫人把它们搬到院子里晾晒吹风。不料突然乌云密布，眼看大雨就要来了。司马懿那么大的学问自是爱书如命，忘了自己的“半身不遂”，从床上蹦下来就去抢收，不巧被家中的一个丫鬟看到了。

司马懿的夫人张春华，怕夫君装病的事泄露出去惹来大祸，亲手把这个小丫鬟杀死了。

不得而为

建安六年（201年），曹操击败汝南（今河南省平舆县）的刘备，迫使刘备再次向南逃亡。

建安七年（202年），曹操再次进军官渡（今河南省中牟县东北），五月，袁绍病死，少子袁尚继位，袁尚的大哥袁谭自称车骑将军，二哥袁熙为幽州治所（治所今北京市）刺史，表兄高干为并州治所（今山西省太原市）刺史。曹操趁袁绍去世，渡过黄河进入河北，袁谭、袁尚连败固守。为挽回败局，袁尚命令高干裹挟着河东太守郭援（钟繇外甥）和匈奴南单于从右翼南下河东郡（今山西省西南部，郡治在今山西省永济市东南），河东郡的郡吏贾逵（贾充之父）城破被捉，被放进土窖，后被侠士祝公道救出。曹操派遣钟繇说动陇西（陇山以西，今甘肃省东南部）马腾相助，在平阳（今山西省临汾市）城下，马腾之子马超的校尉庞德击杀郭援，收降南单于。曹操企图说降孙权，孙权被部将周瑜劝阻。

建安八年（203年），曹操再次出兵河北，打败袁谭、袁尚。之后，曹操听从郭嘉之谋，暂时放弃对二袁的进攻，等待他们之间内讧，然后，转兵南下荆州，进攻刘表。果然，在曹操南进以后，袁尚和袁谭发生争斗，袁谭派辛毗向曹操求救，曹操随即与袁谭和解，并为儿子曹整聘袁谭之女为妻。

建安九年（204年），袁尚再次出兵平原（今山东省平原县），攻击大哥袁谭。曹操乘虚攻破袁尚老巢邺县（今河北省临漳县）。袁尚被迫北上投奔二哥袁熙。击败袁尚以后，曹操立马翻脸，指责袁谭背约，并送还了袁谭之女。

建安十年（205年），曹操击杀袁谭。袁熙部将焦触、张南叛归曹操，袁熙、袁尚逃奔辽西乌桓。高干唇亡齿寒，叛变曹操。

建安十一年（206年），曹操亲上太行，平定高干。开始开凿运河，准备击灭乌桓。

建安十二年（207年），曹操长途奔袭，大破乌桓蹋顿，胡人、汉人投降二十余万人。辽东公孙康杀袁熙、袁尚。刘备得诸葛亮。

建安十三年（208年），曹操开始训练水军，为南进做准备工作。

也就是在这一年，曹操再次想起了七年前的司马懿。

现在的曹操已经身为汉朝丞相，集朝廷大权于一身，已非往日可比。这次，曹操根本就没理会司马懿中风的碴，他发话说："再推推托托，就地逮捕！"这下，可把司马懿给吓住了，心想再推辞就保不住命了，也就去了。

在见到司马懿之前，曹操就听人说司马懿有狼顾之相。一天，他把司马懿叫来，一试验，司马懿的脑袋果然可以像狼一样，能够旋转180°，眼睛向后看。相书上说，拥有这种相的人，心狠手辣，狡诈善变。从此，曹操就对司马懿心存戒备，他曾经对儿子曹丕说："司马懿绝不是当人臣的主，以后肯定会给咱家添麻烦。"

可是，曹丕却与司马懿关系很好，曹操的评价随即就传到了司马懿的耳中，司马懿不禁大惊。从此，他表现得更加勤勉，任劳任怨，常常通宵达旦，夜以继日地工作，就连丞相府割草放牧这类琐事，诸如马喂得饱不饱，割的草够不够，他都要亲自查看。这样一来，曹操才慢慢释然。

即便如此，从建安十三年（208年）到建安二十年（215年），在长达七年的战争年代里，曹操依然没有让司马懿染指军事——哪怕是做自己的军事参谋。建安十四年（209年），曹操军出合肥；建安十六年（211年），曹操西征韩遂、马超；建安十八年（213年），曹操进军濡须；建安十九年（214年），夏侯渊攻击韩遂等。在这些争战中，我们都没有看到司马懿的踪迹。

可能的解释是：曹操对这个人还是不太放心。

一直到建安二十年（215年），司马懿才有机会随曹操大军进攻马超、韩遂、氐王以及张鲁，并在随后的两件事上，显示出自己的军事才能和政治智慧。

建安二十年（215年），在迅速收拾了马、韩、氐、张这四股势力以后，曹操想要退兵。在前年的夏天，刘备刚刚占领益州，而此时，刘备正率军与孙权争夺荆州，因此，丞相主簿司马懿建议说："刘备刚刚以欺诈得到四川，四川的人心不服，在这种情况下，刘备还出兵与孙权争夺江陵。今天我们攻克了汉中，益州震动，我们进兵，刘备肯定会瓦解。"因

此，劝曹操趁机进攻四川。刘晔也说："刘备是人杰，有度量但是见机迟，得到蜀地时间尚短，蜀人还不会为其效命。如果稍后进攻，诸葛亮明于治国，关羽、张飞勇冠三军，蜀国民心安定以后，据险守要，就难以攻取，必为后患。"

曹操说："人们就是不知足，既然得了陇，还望蜀！"否定了刘晔和司马懿的建议。

细究起来，此时曹操的决断未必就不适当。理由大致有以下五点：

第一，刚刚拿下的陇西和汉中尚需要时间消化。陇西和汉中长期独立于中央，民风彪悍，而且此地少数民族聚集，关系复杂，极易发生骚动。张鲁的"五斗米教"又在汉中等地传播多年，安抚工作很是费时费力。益州有崇山峻岭，刘备只需派一员大将驻守险关要隘，曹军短时间内就难以攻拔。战争一旦进入胶着状态，假设刚刚归顺的陇西羌胡和汉民再次出现叛乱，汉中张鲁教众又死灰复燃，再加上曹军粮草难继，后果将不堪设想。第二，孙刘交恶局面不可恃。孙刘两家和则两立，斗则俱亡，这一点孙权清楚，刘备也明白。荆州固然对于孙刘两家来说都非常重要，刘备得到荆州，将增加一个战争策源地，孙权得到荆州，将有效地屏护江南。不过，得到荆州，对于孙刘双方的任何一方来说，都是锦上添花，而当双方相持不下之时，实力强大的曹操在孙刘任一方的背后猛插一刀，即将是釜底抽薪，被打击的一方将面临覆亡的危险。孰轻孰重，孙权与刘备也都心知肚明。假如曹操进攻川北，以刘备长期作战的丰富经验，当然会立即认识到两面作战的巨大风险，也肯定会采取果断措施妥善解决与孙权之间的纠纷。而事实上，刘备在得知曹军拿下汉中以后，就迅速与孙权和好，把荆州一半还给了孙权，匆匆回军备战了。第三，军队已经疲惫，难以连续作战。话虽那么说，但当时的曹操其实也并不甘心，他已经派遣夏侯渊、张郃等名将数次南下，做试探性的进攻，但均被张飞击败。可见，曹军不仅不得地利，军队又没有山地战的经验，而且兵已疲弊，不能硬来。第四，是东南方面的情况并不乐观。如果孙刘尽释前嫌，那么，孙权极有可能乘虚进攻北方，那时，曹军在四川进退两难，而东南又起硝烟，面临两面作战的将不是刘备，而是曹操了。果然，到了这年的八月，与刘备和好的孙权，在得了点小便宜以后，就出兵进攻曹操的合肥了。第五，曹操的心态问题。此时的曹操已为魏公，建了魏国社稷，再也不是一无所有、敢玩冒险、亲自带几千兵就去烧袁绍粮草的曹操了。家业大了，心态变了，顾忌多了。另外，向来习惯于平原作战的曹操，此番前来，对于“蜀道难”有了深刻的印象，他曾经说道：“南郑直为天狱，中斜谷道为五百里石穴耳。”

因此，不善山地战的曹军，如果真的进攻蜀地，胜负实难预料。从这一点上来看，当时的司马懿毕竟是初出茅庐，可谓是“知彼”而尚“不知己”。

《晋书》中记载的司马懿在曹操时代的活动，发生在建安二十四年（219年）。

建安二十二年（217年），曹军在濡须（今安徽省无为县北）击败孙权，曹操称魏王，到建安二十四年（219年），孙权擒杀关羽，上表请降并称臣，假惺惺地请求曹操废汉自立。看到孙权的请求，曹操的头脑还比较清醒，说了句：“孙权这小儿是想把我放到火炉上烤啊！”

不过，曹操话虽这般说，心里未必就不舒坦，也许，孙权的上表也勾起了曹操些许的非分之想吧！

于是，司马懿赶紧巴结说：“我们魏国已经是十分天下有了九分，孙权称臣那是天意，上古的虞、夏、商、周，之所以当仁不让，不是为了别的，关键是敬畏天命啊！”《魏略》记载，与司马懿一同拍马屁的，还有他的好朋友陈群，此人后来一直和司马懿并驾齐驱、官运亨通，同曹休、曹真、司马懿一起开府。

而与司马懿、陈群截然不同的却是荀彧。

荀彧，字文若，颍川颍阴（今河南许昌）人。巧合的是，荀彧的爷爷荀淑也有八个孩子，人称“八龙”，荀彧的父亲荀绲就是其中一龙。荀彧因为娶了中常侍唐衡的女儿，很早就拜为守宫令；董卓之乱中，他投奔袁绍，后来看到袁绍不能成就大业，又改投了曹操，曹操一见之下，就称：“你是我的张良。”拜为司马，主管军事。那一年，荀彧才29岁。荀彧从曹操创业开始就一直追随曹操，他始终有一个梦想：让曹操真的担负起复兴汉室的重任。早在建安十七年（212年）十月，董昭建议应该请求汉献帝给曹操晋爵为曹公，加九锡，尚书令荀彧正言说：“曹公本来兴的就是义兵，为的是匡复国家，他所秉持的是忠贞，所坚守的是推让。君子爱护别人，唯恐他的德行有瑕，不应该这样做！”这话传到曹操耳朵里，曹操很不是滋味，为了防备荀彧在朝廷上做小动作，曹操把他召到军中，随后，荀彧饮药而死，享年50岁。

屡出奇策

建安十八年（213年）五月，曹操被封为魏公，加九锡，从封冀州十郡。到建安二十二年（217年）四月，曹操称魏王，用天子旌旗，魏国作为一个汉王朝的国中之国，正式建立起来。同年，曹丕夺嫡成功，司马懿随之被任为太子中庶子，成了曹丕的属官，也被纳入到了未来魏国的人才储备库中，他与吴质（魏文帝时为振威将军、假节）、陈群（魏文帝时为司空、开府）、朱铄（魏文帝时为中领军）为曹丕所钟爱，被当时曹丕的和者们称为“曹丕四友”。而有趣的是，司马懿的弟弟司马孚，此时却被安排在陈思王曹植的身边，为曹植的文学掾。

大约在此前后，曹植因为乘车行驰道，开司马门出城而被曹操指责，曹植也逐渐失去了曹操的宠爱。据《三国志·魏志·崔琰传》引《世语》记载：曹操登上高台，看到曹植的老婆穿着绣花的衣服，就以违反制度为名，将其赐死。这件事大概是真实的。因为，据《三国志·武帝本纪》裴注引《魏书》记载，曹操本性节俭，不喜欢华丽，后宫妻妾从来不穿锦绣衣服，曹操宠幸的女人们也没穿过花鞋，后宫的屏风、帏帐坏了，还要再补个补丁，小毯子也都是毛边，没有什么纹饰。一向艰苦朴素的曹操自然看不惯曹植夫妻“忘本”的作风。在曹植失势以后，司马懿也离开曹丕，升为曹操的军司马——这是荀彧最初的官职，这一年司马懿已经39岁，比荀彧担任此职时的年岁整整大了10岁。在司马懿离开曹丕以后，他很快就把弟弟司马孚从失势的曹植那里要了回来，推荐给了曹丕，来顶替自己的位子，做自己曾经做过的太子中庶子。于是，司马懿兄弟二人一个待在曹操身边，一个待在未来的君主身边。

不妨让我们简单分析一下司马懿的缜密算计吧：

一、在曹丕和曹植储位之争的结果没有明朗化之前，司马懿弟兄两个人分投两个不同的阵营，以备后路。

二、在曹丕暂时胜出，但曹植并不是没有一点儿希望的时候，司马懿暂时还让弟弟司马孚留在曹植身边，但是，此时的司马孚经常以所谓的

“直道”来劝谏曹植，以此让外人知道，自己并非曹植一党，而是一个懂大义、有操守的人。

三、在曹植完全失败以后，司马孚迅速抛弃旧主，投奔新主曹丕。据《晋书·宣帝本纪》记载，司马懿在曹操时代还提出过以下建议：

1. 建议屯田。据《晋书·宣帝本纪》记载：在魏国初建之时，司马懿曾经向曹操建议，要“且耕且守”，实行屯田，曹操采纳了这一建议，从此，魏国“国用丰赡”。言下之意，魏国经济发展，国力雄厚是司马懿的功劳。那么，曹操实行屯田到底是什么时候？又是谁最先提出的这一影响深远的建议呢？《资治通鉴》记载：

中平以来，天下乱离，民弃农业，诸军并起，缺乏粮谷，无终岁之计，饥则寇略，饱则弃余，瓦解流离，无敌自破者，不可胜数。袁绍在河北，军人仰食桑葚。袁术在江淮，取给蒲蠃，民多相食，州里萧条。羽林监枣祗请建置屯田，曹操从之，以祗为屯田都尉，以骑都尉任峻为典农中郎将。募民屯田许下，得谷百万斛。于是州郡倒置田官，所在积谷，仓廪皆满。故操征伐四方，无运粮之劳，遂能兼并群雄。军国之饶，起于祗而成于峻。

由此可知，曹魏建立屯田制度起源于枣祗，完善于任峻。那时候，司马懿才16岁，根本未进曹操的幕府。因此，我们断定《晋书》的记载是有水分的。

2. 在关羽水淹七军、曹操想迁都河北之时，司马懿和蒋济一同向曹操进谏说，一旦迁都，势必示弱于敌人，民心摇动，二人进而提出了和好孙权之计。曹操采纳了二人的建议，派人和好孙权，促使孙权从背后偷袭关羽。司马懿的这一建议的确起到了借力于人、四两拨千斤的功效，也显示出司马懿的全局观和见微知著的能力，不过，这也不是独出心裁，而是司马懿与蒋济一起做成的，至于说是谁先起意的，倒无从查究了。

不过，终曹操一生，司马懿起码做到了两点：第一，让自己和自己的家庭成员与未来的储君建立了良好的关系，那是自己和整个家族未来的护身符；第二，进入领导核心层，展现出勤恳敬业的精神和独特的战略眼光，给人们留下了初步的印象。不过，现在还只是开始，等曹丕登基以后，凭借着长期的苦心经营，也许，司马懿的春天就要到来了。

兄弟相残

东汉延康元年（220年）十月二十八日，东汉颍川郡的繁阳亭（今河南省许昌市繁昌）祭坛高筑，牙旗猎猎，禁卫林立，气氛肃穆。东汉王朝的末代皇帝献帝刘协，向一代新君主俯首称臣。在祭告天地的缭缭香烟中，一位黄袍加身、受禅称帝的君王得意地俯视着坛下的臣民，接受他们的朝拜。这位倾祚汉室、开创新朝的中年人，就是曹魏帝国的第一代君主——曹丕。

曹丕，字子恒，中平四年（187年）生于沛国谯郡（今安徽省亳县），是著名大政治家曹操的次子。曹丕的青少年时代，正是东汉王朝迅速走向没落，群雄角逐，军阀混战的时期。曹丕4岁就开始学习骑马射箭，自幼跟随父亲南征北战，过着戎马生活。建安二年（197年），曹操遭到张绣围攻，曹操的勇将典韦战死，长子曹昂和侄子曹安民均被射杀，而年仅10岁的曹丕竟乘马逃脱了，可见此时的曹丕已经是一个善于骑射的英俊少年了。

建安二十五年（220年）正月曹操在洛阳去世，同月，曹丕在邺县继位为魏王，汉献帝随即改元为延康。长期的夺嫡之争，使得曹丕与兄弟们势同水火，视兄弟们为自己皇位的最大威胁。于是，在他继位仅一个月，同年二月，就严令自己所有的兄弟回各自的封国，受制于中央派来的官吏。诸侯王公被剥夺了人身自由，甚至连平民都不如。在兄弟当中，曹丕最厌恶的是曹植，最忌惮的是曹彰。

曹彰，字子文，力量过人，能与猛兽相格斗，建安二十三年（218年），代郡乌丸反，曹操以曹彰为北中郎将，率军大破乌丸，鲜卑首领轲比能因之而降。曹操在洛阳生病以后，曾令快马将曹彰从长安召回，曹彰回来以后，对曹植说："先王召我，为的是要立你。"曹植不从。曹彰曾问贾逵先王的印章放在何处，被贾逵拒绝。曹操死在洛阳，而曹丕却身在邺城，鞭长莫及，如果不是曹操身边的贾逵、徐宣等人处置得当，曹丕能否顺利即位，还难以确定。因此，他只能将处理青徐豪强的事暂时放在一边，立即着手处理时刻威胁到自己地位的兄弟们了。在曹丕在位的六年多时间里，最引人注目的就是他的刻薄骨肉，在严令诸兄弟回到封地的同时，又找碴将弟弟曹植贬为安乡侯，并诛杀曹植一党丁仪、丁廙兄弟。

《世说新语》还记载，曹丕在其即位第四年，任城王曹彰回到京师探望母亲，觐见皇帝。一次，曹丕、曹彰哥俩在卞太后那里下围棋，两个人边下棋边吃枣。曹丕事先把毒药放置在枣蒂上，自己吃没毒的，而曹彰不知底细，什么都吃，结果就中毒了。卞太后看到儿子中毒，慌张地到处找水，可是，曹丕又让左右把身边的水罐也都打碎了。心急如焚的太后光着脚跑到水井边，却没有办法打水，很快这个被曹操喜爱的"黄须儿"曹彰就死掉了。后来，当下太后又看到曹丕逼令曹植七步作诗，意欲加害，她从后宫出来，哭骂着说，你杀了我的彰儿，不能再杀我的植儿了！曹丕就是这样刻薄骨肉的。对待自己的妻子甄洛，也是如此。美丽的甄洛原是袁绍之子袁熙的妻子，建安九年（204年），曹操攻陷邺城以后，曹丕见到21岁的美人甄洛，魂不守舍，纳为夫人。曹丕登基第二年，他不顾长子曹睿的感受和对未来帝国的潜在影响，听信小老婆郭女王的谗言，将远在邺县的甄夫人赐死。有人说才女甄洛与曹植两情相悦，曹植的《洛神赋》中描写的洛神就是甄洛的化身；也有人说郭女王以甄洛之子曹睿出生不足月为由，暗示曹睿不是曹丕的儿子，甄洛大怒，口出恶言而被杀。

除了刻薄骨肉以外，曹丕的心胸还十分狭隘，这也不乏其例，下面仅举两件。

第一件是曹丕对待于禁。关羽水淹七军以后，于禁投降，后关羽被东吴斩杀，于禁又落入东吴之手。孙权在向魏国称臣的同时，将于禁等降将送还魏国。被东吴送还之时，于禁头发胡子花白，见到曹丕哭泣叩头。曹丕虽然说“樊城之败，水灾暴至，非战之咎，其复禁等官。”但是，在拜于禁为安远将军后，曹丕又指派老人出使东吴，在临行之前，命令于禁拜谒曹操陵墓，却预先在陵墓房间内画上关羽战胜、庞德愤怒、于禁投降的画面，于禁看到以后，羞惭发病而死。司马光评价此事说：“文帝废之可也，杀之可也，乃画陵屋以辱之，斯为不君矣！”

第二件是曹丕对待曹洪。曹洪家富而天生吝啬，《魏略》记载，曹操做司空的时候，曾经要求郡县评定每家的资财，作为纳税的标准。曹操老家谯县的县令评定曹洪家的财产与曹操家的相同。曹操说：“我家哪有曹洪家富！”可见，曹洪家富有是人所共知的。曹丕当太子的时候，曾向曹洪借绢100匹，曹洪舍不得给。曹丕一直对此耿耿于怀。曹丕继位以后，一次曹洪的门客犯法，曹丕硬是要杀掉曹洪，大臣们谁劝都没用。曹丕的老妈卞太后说："梁、沛之间，非子廉（曹洪字）无有今日！"可曹丕仍然不听。太后没办法，就把皇后郭女王叫来呵斥，说："如果曹洪今天死，明天我非严令叫皇帝废了你不可！"郭皇后吓个半死，连夜枕头风劲吹，终于，曹丕才免了曹洪一死，但是，却把人家的家产全部没收。这对于守财奴曹洪而言，无疑比死还难受。曹洪又托太后求情，在卞太后的压力下，曹丕才把财产还给了曹洪。

从黄初元年（220年）到黄初七年（226年），曹丕在位六年多的时间里，曹丕最大的机会，也可能是最大的考验就在于：是否接受孙权的投降。

为什么孙权要投降？因为孙权偷袭了关羽，夺占了荆州，孙刘交恶，为了避免两面作战和亡国的危险，才"投降"的。

那么该不该接受？

当听说孙权投降的消息时，曹魏群臣都觉得要接受。唯独刘晔以为不能接受，刘晔有他的道理，他说："孙刘本为两个小国，团结起来才能生存。今天，双方交恶，正是上天要灭亡他们的时候，我们应该即时出兵进攻吴国，在刘备和我们的夹击下，一定能够顺利灭掉吴国。吴国灭亡了，蜀国也不能独存，统一大业就能完成。"

这时候，曹丕却十分自负地对刘晔说："那我们现在接受吴国投降，进攻蜀国后方，不是也能灭蜀？"刘晔分析说："不是的。如果我们进攻蜀国，蜀国就回师不打吴国了，我们也得不到便宜，而吴国说不定还生出什么鬼点子呢。但是，我们打吴国的话，因为以前吃亏的是蜀国，现在生气的也是蜀国，因此，即使听说我们也去趁机打吴国，蜀国也不会停止进攻，这样，魏蜀两国合力就一定能把吴国灭掉。”

但是，曹丕没有听从刘晔的意见，他不仅接受了孙权的投降，而且还封孙权为吴王，加九锡。事后证明，孙权的质子一直迟迟没送到魏国，所谓的投降仅仅是一个骗局和玩笑而已，曹丕被人家美美地耍了一回。

可以说，在黄初年间，曹魏帝国最伟大的谋士不是司马懿、不是贾诩，光彩属于刘晔；次之，蒋济；再次之，陈群。光荣属于他们三人，但是，刘晔是太阳之光，他们是烛火之光，其他的人则是萤火。

那么，我们会问：以司马懿深通三国角力之道，在襄阳危急之时，他就曾建议曹操鼓动孙权偷袭荆州，刘晔之论只是原来计谋的翻版，司马懿难道不能参透？为何闭口不建一策呢？是他长期与曹丕相处，早已洞悉了他的深浅？以他与曹丕的交情，如果支持刘晔的意见，想必曹丕也会采纳，那么，是司马懿未见此机，还是不愿归好与人呢？

分析起来，应为后者。在曹丕时代，司马懿一言不发。这与他在曹操手下积极建言献策截然相反，也似乎有些反常，也许是因为司马懿太了解曹丕的为人了：曹丕狭隘，狭隘的人胆小，胆小的人只相信自己的旧人。如果说多了，说的道理君主理解不了，反而会引起猜忌。即使成功，还为他人作嫁衣，那倒不如干脆闭口。反正闭口不影响升职，谁叫曹丕是以旧人为标准提拔人才，而不是以功劳和能力呢？

因此，整整7年，积极建言的刘晔不见升迁，而一言不发的司马懿却步步高升，从督军到抚军，到假节。

曹丕在位7年，和吴国动过三次刀兵，但都是虚张声势，吆五喝六地乱撞一通就打道回府了。不过，根据田余庆先生的研究，曹丕这几次声势浩大的南伐行动，并不在孙权，而意在解决青徐豪强。曹操去世时青徐兵鸣鼓而去，让曹丕一直如骨鲠在喉，曹丕在即位以后第一步即是任命曹休

“都督青徐”，节制徐州刺史臧霸等人。其次，利用伐吴之机，兼并了青徐军队，夺去了臧霸的兵权，“征为执金吾，位特进”。臧霸被征召到洛阳以后，青徐地区出现动荡，黄初五年（224年）七月，曹丕声言第二次伐吴，9月抵达曹魏的广陵（治所淮阴），并大赦青徐二州，撤换了二州的郡守。然而，曹丕的这一举措，却加剧了这一地区的动荡。第二年6月，利城郡蔡方等人诛杀了太守徐质谋反，于是，曹丕派屯骑校尉任福、步兵校尉段昭，率领中央军前往讨伐，当地的徐州刺史吕虔、别驾琅邪王祥，配合中央军讨平了徐州地区的叛乱；青州刺史王凌及别驾王基讨平了青州叛乱。至此，曹丕彻底解决了半独立状态的青徐势力，利城郡也在存续了27年后被撤销了。黄初七年（226年）五月，曹丕病死。对曹丕的为人，陈寿评道：曹丕如果“加以旷达之度，励以公平之诚，迈志存道，克广德心，则古之贤王，何远之有哉！”

初露锋芒

226年，曹丕驾崩，司马懿与曹真、曹休、陈群四人被曹丕任命为顾命大臣。这一年，司马懿47岁。

在曹丕看来，曹真和曹休是宗室，而司马懿和陈群是亲信，二对二，力量平衡。

但是，他没考虑到人的寿命和各自的能力问题。随着时间的推移，这种平衡将最终被打破。

就在这一年（226年）八月，孙吴因曹丕驾崩而趁机兴兵攻击魏国的江夏、襄阳，魏明帝曹睿派遣司马懿率军击退进攻襄阳的吴国诸葛瑾，并杀掉了吴国将领张霸，这是司马懿第一次带兵展示自己的才能，在新皇帝面前大大地露了一回脸。十二月，曹睿进封司马懿为骠骑大将军，至此，司马懿可以自己开府治事，有了自己的办事机构和属于自己的军队。与此相呼应，司马懿的摇尾系统吴质等人也在洛阳大肆称赞司马懿"忠智至公"，是"社稷之臣"，于是，司马懿在洛阳声名鹊起。

第二年，即227年，新皇帝曹睿改元为太初元年。名声日隆的司马懿受到曹真等人的猜忌，被排挤出了朝廷，被曹睿任命为都督、荆州和豫州诸军事，驻军宛城（今河南省南阳市），负责曹魏帝国西南边境安全。而此时，司马懿以后的老对手、蜀国丞相诸葛亮，也刚刚写完《前出师表》，他领兵驻屯汉中（今陕西省南郑县），为第一次北伐做着准备。

从这一年的年尾到第二年的年初，司马懿又一次展现出过人的军事才能。而成就司马懿这一切的，都与一个人有关。

这个人就是孟达。

孟达，字子度，扶风（今陕西省兴平市东南）人。孟达的父亲叫孟他，东汉灵帝时，大太监张让当权，孟他很想巴结张让，谋个一官半职，但是，孟他家境并不富裕，以他的实力是根本巴结不上张让的，于是，孟他就动脑筋了。当时，张让公务很多，根本没时间料理家务，让家奴负责家中的迎来送往。见此情形，孟他就拿出有限的家财，整天和张让的家奴们一起吃吃喝喝，吃喝了多日，孟他的家财也很快散尽，变得一无所有了。这叫张让的家奴们觉得很不好意思，就问他："我们能为您做些什么作为报答呢？"孟他说："只要你们在大庭广众下，拜拜我就行。"

当时，每天求见张让的就有几百人，车辆在张让的家门口排了很长，等待张让的接见。一天，孟他出现在了张让家门前，在其他人面前还颐指气使的张让家奴们，一见孟他，一起恭恭敬敬地朝他下拜，并先把他让进大院。其他有求于张让的人见到这种情况，都以为孟他和张让关系非同一般，就千方百计送礼巴结孟他，等孟他收了一大堆礼物以后，就全部送给了张让，还送给张让一斛当时十分稀有的名贵葡萄酒。

接到这么多贵重礼物，张让不禁大喜，立即就拜孟他为凉州刺史（治所姑藏，今甘肃省武威市），因此，孟达的父亲应该叫“十斗葡萄酒刺史”。

孟达小的时候就入川在刘璋手下做官，他与老乡法正、益州别驾（刺史的副手）张松关系很好。建安十六年（211年），刘璋在张松的鼓动下联络刘备，就是派法正和孟达各率两千人马去迎接刘备的。见到刘备以后，法正建议刘备趁机占领四川，刘备先派法正回成都复命，留下孟达统领这四千人马驻扎在江陵（今湖北省荆州市），帮助守备老巢。然后，刘备率军入川，并于建安十七年（212年）举兵反攻刘璋。经过建安十八年（213年）整整一年的围攻，终于在建安十九年（214年）攻下了成都，论功行赏，刘备任命孟达为宜都（今湖北省宜昌市）太守。

建安二十四年（219年），为了配合关羽进攻襄樊，牵制湖北西北部曹军的兵力，刘备命令孟达从秭归北攻房陵（今湖北省房县），房陵太守蒯祺被孟达所杀。同时，为制约孟达，刘备又派遣自己的养子刘封，从汉中东下作为孟达的上司，与孟达一起攻下了上庸（今湖北省竹山县），魏国上庸太守申耽、申仪兄弟（本为当地土豪，后被曹操任命）投降。当关羽被吴国抄了江陵的后路时，曾派人到刘封、孟达处请求救兵，但二人以山城新附，拒不发兵相救。等到关羽败亡以后，刘备对刘封和孟达十分恼火，这让孟达十分不安。另外，他与刘封也水火不相容，一次，刘封竟把孟达的仪仗都抢了过来。孟达有其父的遗传基因，其父连宦官的家奴都能巴结，他孟达还有什么人不能侍奉？在这种情况下，孟达立马率领自己的四千官兵投降了曹魏政权。当时曹丕刚刚即位，登基伊始就有敌国之人远来归附，这对于一个沉溺于“舜舞干戚而有苗服”等伟大传说的文人曹丕来说，简直就是一件天大的喜事。孟达长相出众，温文尔雅，曹丕一见立即就喜爱异常，很快就任命孟达为散骑常侍，建武将军，封平阳亭侯，并承诺把上庸、房陵、西城合为新城郡，任命孟达为新城太守。然后，又派夏侯尚、徐晃率军赶跑了还在上庸的刘封、申耽、申仪，使其三人重新叛蜀归魏。至此，经过一年多的折腾，蜀汉失去了原有的荆州和荆州全部的兵丁、大臣（见孟达给刘备书：“荆州覆败，大臣失节，百无一还。”），而湖北西北的上庸等地也得而复失，大将关羽等被杀，蜀汉政权受到了建立以来最为沉重的打击。

孟达的命运和曹丕相终始。

孟达于黄初元年（220年）曹丕即位时投降魏国，又于黄初七年（226年）曹丕去世而内怀不安。另外，魏兴太守申仪是地头蛇，孟达是外来户，双方共事，难免会有摩擦。蜀丞相诸葛亮暗中与孟达通信，欲说服孟达背叛曹魏，但诸葛亮并非真心喜欢孟达，而是想将孟达置于死地，他又派郭模到申仪处诈降，将孟达欲投降蜀国的事，透露给了申仪。申仪得知此事以后，赶紧密报上司司马懿。司马懿为了稳住孟达，就给他去信，假装不相信流言，信中说：“将军昔弃刘备，托身国家，国家委将军以疆场之任，任将军以图蜀之事，可谓心贯白日。蜀人愚智，莫不切齿于将军。诸葛亮欲相破，惟苦无路耳。模之所言，非小事也，亮岂轻之而令宣露，此殆易知耳。”（《晋书·宣帝本纪》）

孟达得信后，果然上当，开始犹豫不决起来。而司马懿却一面上报朝廷，一面不等朝廷命令到来，即火速率军进讨。他亲自率军日夜兼程，八天后就从南阳抵达新城（今湖北省房县）城下。吴、蜀两国也派出援兵解救孟达，却被司马懿部拦阻于西城的安桥（今陕西省安康市西南）、木兰塞（今陕西省旬阳县东北）等地。此前，诸葛亮曾告诫孟达加紧防范，不要上当，孟达写信给诸葛亮，认为："宛去洛八百里，去吾一千二百里，闻吾举事，当表上天子，比相反复，一月间也，则吾城已固，诸军足办。则吾所在深险，司马公必不自来；诸将来，吾无患矣。"（《晋书·宣帝本纪》）等到兵临城下，孟达才面如土色，惊叹司马懿进军神速。

太和二年（228年）正月，司马懿兵分八路开始攻城，一直攻了十六天，孟达的外甥邓贤、部将李辅开城投降。魏军入城，擒斩孟达，传首京师，俘获万余人，司马懿第一次露出了他狰狞的面目，进行了残酷的屠城。

过去，申仪久在魏兴郡（今陕西省安康县西北），专威弄权，擅自借皇帝名义刻制印信，私自任命官员。孟达被杀之后，申仪顿生疑虑。当时，各郡郡守见司马懿克敌制胜，都纷纷奉礼祝贺。司马懿听之任之，并让人暗示申仪也来祝贺。等申仪来到宛城以后，司马懿趁机将他收捕，送往京师。

司马懿剿灭孟达的新城之战，先是多方误敌，麻痹敌人，然后在敌人准备不足之时，迅速围城，取得了全胜。在进攻新城的同时，还派出两路人马对于增援新城的吴蜀部队扼险阻击，保证了战役的胜利。平定了孟达，司马懿仍然驻军麓城，他奖劝农桑，禁止浮费，史书称，帝国南方的吏民都对他心悦诚服。

风雨之年

太和二年（228年），这一年并不像年号显示的那样吉祥，而是从年初到年尾，都充满着杀伐和血腥。从司马懿迅速平定孟达开始，接着就是诸葛亮第一次兵出祁山。

当时，从汉中北进，有两个方向四条主要通道：一个方向是出秦岭入关中。在这个方向上有两条通道：一是出秦岭子午道，进入关中；二是经秦岭褒斜道，出斜谷，进入关中西部。这两条通道谷长路险，均有栈道，大军行动比较困难。

另一个方向是往西经阳平关（今陕西省宁强县西北）进入陇山，在这个方向上又有两条通道：一是出阳平关，经故道（今甘肃省两当县）、散关（今陕西省宝鸡市西南），进入陇东；二是出阳平关，经武都（今甘肃省成县）、建威（今甘肃省成县西北）到陇右的祁山（今甘肃省西和县西北）出天水（后汉治所在甘肃甘谷）这两条通道道路较远，但略为平坦。

据《魏略》记载，战前，诸葛亮与下属召开会议，商议进军路线。魏延建议："我听说夏侯楙年少，胆怯无谋。交给我5000精兵，携带5000担军粮，沿秦岭向东，从子午谷向北不出十日即可抵达长安。夏侯楙听说我军突然来到，必然乘船东逃。长安城内就只剩下御史、京兆太守一类的文官了，横门邸阁和平民百姓的粮食，足够我军使用。等到关东魏军整军西上，尚需二十多天，大人从斜谷而来，也肯定到了。这样一来，咸阳以西就能平定。”诸葛亮认为这条计策有点冒险，没有采纳。于是，诸葛亮放弃了从汉中直接翻越秦岭进入关中的计划，而是事先对外宣称将走斜谷道取眉县，让赵云、邓芝在箕谷设疑兵吸引曹真重兵，自己则率领主力大军西上进攻祁山，陇右的南安（今甘肃省陇西县）、天水和安定（后汉在甘肃镇原）三郡反魏附蜀。曹魏帝国大将张郃出拒，大破马谡于街亭（今甘肃省张家川县北）。诸葛亮迁西县（今甘肃省礼县东北）千余家返回了汉中。

可以说这一年的年初，在曹魏帝国的西南地区，司马懿平定孟达，随后在西北地区，张郃又击败了马谡，曹魏帝国都取得了胜利。

但是，到了这一年的八月，形势却发生了逆转。

事情可以追溯到这一年曹真、张郃击退诸葛亮的第一次北伐之后。四月，亲临前线的魏明帝曹睿，从长安回到了洛阳，随即就召见了司马懿，他问司马懿：“平定吴蜀两国，应先从哪个入手？”

司马懿回答说：“吴国。”

接着，司马懿阐述了自己的理由：“吴国一直以为我军不习水战，因此，敌人敢于散居在东关（关隘名，今安徽省含山县西南30千米处的濡须山上）。大凡攻击敌人，就要直捣其心腹，那么，夏口（今湖北省武汉市武昌区）和东关就是吴国的心腹。如果命令曹休在东面向皖城（今安徽省潜山县）进攻，吸引孙权东去增援，我则南下夏口，就一定能把孙权击破。”

曹睿深以为然，于是，下令两道伐吴。本来的计划是：以曹休作为诱兵，调动孙权回救，主力是司马懿的西路军，乘虚进攻夏口。当时，孙吴的国都在武昌（今湖北省鄂州市）。

然而，战事的发展却演变成了曹休在东路的孤军奋战。《晋书》甚至连司马懿在这一年统兵南下夏口都没有记载，好像这次进军行动，仅仅是曹休个人受到吴国鄱阳太守周鲂（其子就是大名鼎鼎的周处）的欺骗，擅自攻击皖城的行动。

我们在研读这段历史的时候，总会自然而然地生出这样的疑问：司马懿跑哪里去了？

透过史书上的蛛丝马迹，我们似乎看出了一点端倪。

《三国志·贾逵传》的记载则详细说明了当时的经过：魏国兵分三路进攻吴国：西路司马懿向江陵，东路贾逵从西阳（今河南省光山县西南10千米）向东关，中路曹休向皖城（今安徽省潜山县）。吴主孙权的应对策略是：集中优势兵力，围歼曹军一部。他把目光投到曹休所部，为此，孙权指示鄱阳太守周鲂，秘密寻访鄱阳湖附近山中有名的蛮夷首领，让其向曹休伪降，引诱曹休大军南下进入吴军的伏击圈。周鲂认为蛮夷首领难以信任，一旦走漏风声，将功败垂成。于是，他在上报孙权同意之后，下书曹休诈降，剃发为信。曹休信以为真，即率十万大军大举南下，推进至皖城，以接应从西南前来“投降”的周鲂。为保证万无一失，曹睿命令贾逵与曹休合兵一处，但是，曹休并没有等到贾逵到来，就率领自己的部队南下了。当曹休发现被周鲂所骗，曹军有被吴国主力包围的危险以后，却并未撤退，而是仗着兵精粮多，与陆逊在石亭（今安徽省潜山县东北）展开了一场大战。陆逊自为中军，分朱桓、全琮为两翼，各率三万人，三路齐进。全琮献计：“曹休因曹氏宗室才被委以重任，并非智勇名将，此次交战，曹休必败，败后必经过夹石、挂车两处险隘北逃，如我以一万之众提前断敌后路，曹休这十万人马将全军覆没，这样，淮河南岸的重镇寿春，将落入我手，我国将全取淮南，机不可失。”孙权就此已提前与陆逊作过商议，陆逊以为双方兵力相差不大，他着眼于先击败曹休再说，不愿分兵，因此，没有采纳全琮的计划。果然，在吴军的四面包围下，曹休所部被陆逊大军击败，吴军乘胜追击，共斩杀曹军上万人，缴获上万辆军资，曹休率领残兵败将败逃至夹石（山名，今名北峡山，在今安徽省桐城县北）。

与此同时，当贾逵到达东关的时候，却发现这一战略要地，并无吴军驻守。贾逵判断，此地的吴军一定全部抽调到打击曹休的前线去了。于是，他即部署诸将，水陆并进，急行了二百多里，抓获了小股的吴国士兵，才得知曹休已经战败，孙权也已经派遣部队逼近夹石险要。贾逵的部将提议，暂时停止前进，等待后援部队的到来。贾逵果断地说："曹休已经在国境以外兵败，被敌人断绝了后路，进不能战，退也不得还，这是千钧一发之际，一刻也耽误不得。敌人以为曹休的部队没有后援，所以敢于前突到这里，企图断曹休的归路。如今全军要急行军，出其不意，这就是人们常说的先发制人以夺其心。敌人看见我军，肯定要往吴国境内跑。如果等待后援部队到来，敌人也已经占据了险要位置，来的兵再多，能有什么用？"于是，贾逵率强行军，打开很多战旗，擂响战鼓，吴军看见贾逵的部队，就撤退了。贾逵兵据夹石险要，接应曹休，给曹休的败兵送去粮食，曹休的部队才没有被吴国全歼。

《三国志·周鲂传》《陆逊传》等也对这一战有详细的描述，周鲂诈降，是东吴继赤壁之战黄盖诈降以后，实施的又一次成功诈降。

这次战役的失败，直接原因在于曹休轻信敌人，孤军深入；深层次的原因还在于，曹军的这次行动，本身战略重点太分散，三路大军，三个目标，各自为战。而吴国则是集中兵力，全力围歼曹休一部。

这一战的直接结果是魏国的第一军人大司马曹休"惭愤"而死。

听说曹休战败，就在这一年的年底，诸葛亮写了《后出师表》，开始了他的第二次北伐。这次他选择了兵出散关，包围陈仓（今陕西省宝鸡市西南），当时驻守陈仓的是曹魏帝国将军郝昭。诸葛亮攻打陈仓二十多天，却仍未破城，蜀军军粮眼看就要吃完。另外，曹魏帝国原来为了对付吴国的进攻，把关中的名将张郃调往东南战场，此时，吴军得胜南撤，于是，魏明帝马上下诏，命令尚在南阳方城的张郃部队回调关中，以应对诸葛亮的大军。

诸葛亮不得已又退回汉中，由此可以看出这一年还真是一个多事之秋啊！

最后北伐

魏明帝青龙二年（234年）四月，诸葛亮带着十余万大军出现在了斜谷的北面。

从这年的二月开始，诸葛亮的十余万大军艰难地爬过横亘在汉中平原北部的秦岭山脉，走了近两个月的时间，才通过褒斜谷（今陕西省太白县西南褒河山谷）到达战场。而此时，司马懿早已听到了风声，从容的在渭河驻军，以逸待劳，等着蜀军的到来。经过对前四次北伐失败的检讨，诸葛亮认识到迂回西上陇西，战线太长，部队粮草难以解决，况且，即使拿下陇西地区，魏军扼守陇山各要塞，蜀军对于关中的威胁也并不严重，更何况陇西地形复杂，蜀军拔掉魏军一个个据点，费时费力；而如果对身后的魏军据点弃之不顾，则又难以保证蜀军后方安全。这次，诸葛亮彻底改变了前四次北伐的思路，而是从汉中直接率军翻越秦岭，出现在关中平原之上。

虽然司马懿早就说过，诸葛亮再北上的话，绝对不会再迂回西北去陇西，但是身处陇西的郭淮也绝对不敢掉以轻心，在祁山、上邦一线还是屯驻了一两万的防守兵力。

然而，诸葛亮却顺利地走出了斜谷，他的十余万大军也出现在了渭河南岸。

在诸葛亮部队面前的就是渭河，身后就是刚刚走出来的斜谷口，它通向汉中；西面是地势逐渐抬高的丘陵，一直向西通向上邦、陇西；沿着渭河东去，就是眉县、武功，直到长安。诸葛亮出现在这里，目的就是企图掐断陇西与长安的联系，如果能横跨渭河站稳脚跟，等于把关中与陇西的魏军一分为二，像一颗钉子一样插在他们中间。

然而，摆在诸葛亮面前的难题是：东进打击司马懿还是西上围攻陇西呢？

在进攻以前，诸葛亮肯定做过认真的思量，但是，我们从以后的事态发展上看，诸葛亮的战略意图却很模糊。

此时，司马懿的兵力究竟是多少，史书上没有准确的记载，只是记下了魏明帝派遣秦朗率领两万精兵，帮助司马懿阻击蜀军。

现在后人们估算司马懿当时有五万左右的兵力，再加上秦朗的两万，大约有七万人马。这是因为，魏国实在不能抽调出太多的兵力了，从荆州一直到东海漫长的魏吴边境上都需要屯兵，并且有消息说，孙权正准备配合诸葛亮大举进攻。

面对两面作战的不利形势，魏明帝确定了关中防守、东南进攻的策略。

几乎与诸葛亮出现在渭河南岸的同时，司马懿的大军也来到了眉县的渭河北岸。

沿着渭河南岸与秦岭之间，是一片狭长的冲积平原，这里土壤肥沃，是粮食的主产地。如果诸葛亮全取渭河南岸地区，那么，蜀军就可以在这里屯田，变客为主。

因此，司马懿对部下说："百姓囤积的粮食都在渭南，这是必争之地。"

于是，他勇敢地引军渡过渭河，并勇敢的背水扎营。本来背水为营是自陷死地，因为如果敌人攻破营垒，大军将退无可退，然而，"兵无常势，水无常形"，历史上，项羽破釜沉舟，击败章邯、韩信也曾经背水为营，自陷死地，却大破赵军。韩信和项羽的难度似乎更大点，因为他们二人是进攻，而司马懿的自陷死地，却只是防守。这也是随后司马懿任诸葛亮百般挑战拒不出战的原因之一吧！因为在司马懿看来，一旦出击失败，将面临全军覆没的结局，根本没有生还的可能，而战场上存在的偶然因素又太多了。在死地出战的风险太大，即使是像韩信那样一等一的名将，如果不是预先布置两千轻骑绕到赵营背后，拔旗易帜，当年战斗的胜负也的确难料。

司马懿坚守在此，实际上不仅封住了诸葛亮通往关中的道路，而且也不能使诸葛亮放心大胆地散兵屯田，看似防守，其实暗藏杀机。只要司马懿在这里，对方除非有必死的决心，坚决不要后方，否则，就不敢越过司马懿的大军，去进攻司马懿背后的武功或者长安；并且，即使诸葛亮有必死决心，也只能沿着秦岭，翻山越岭向东移动，而大部队从山路行军，成为一字长蛇配置，侧翼和后方完全暴露给司马懿，那将十分危险。

就算司马懿不敢全力进攻或者让诸葛亮的部队顺利地进军到魏军后方，由于蜀军山路行军，随身所带粮草必然很少，那么，东进能否掠来粮草或攻下城池，将直接决定战争的胜负，而这又是一个未知数。对这一切，诸葛亮都没有把握。

而诸葛亮需要的是有把握的胜利。

对于主军而言，时间拖得越长，对自己越有利。因为时间长了，客军的粮草就成问题；而对于客军来说，越早决战越好。

诸葛亮也深知率军深入，利在速战。

问题是，怎么战？

如果坚决不要后方，率领大军沿着渭河南岸，一直向东进击，甚至越过武功，直扑长安呢？

即使长安魏军没有多少兵力，但是在没有消灭司马懿主力之前，直扑长安，屯兵坚城之下，胜算也不大。不过，话说回来，这样一来，司马懿必定要尾随前来，他在渭南的大营就自动作废，然后，与司马懿进行决战。这也是兵法中“攻敌所必救”的道理。

然而，司马懿深通兵法，即使是如此，他应该也是有对策的。比如，司马懿可以分兵攻击诸葛亮留守在斜谷口的驻守部队（诸葛亮必须要在这里驻扎军队，如果不驻兵，司马懿也不要后方了，直接都到汉中打了。不过，这种可能性不大）；司马懿也可以断诸葛亮的粮道，把诸葛亮的主力和留守部队一分为二，那样双方真的赌得太大了。

不过，诸葛亮如果深入到司马懿后方的话，一旦打下武功一座城池，就可以扎住脚跟，不仅因粮于敌，而且，会切断司马懿大军与后方的联系，逼着司马懿与蜀军决战，变被动为主动，调动司马懿绕着自己的指挥棒运动。

然而，这样进入一个完全陌生的地区，对于领兵大将的勇气和决心，将是一个极大的考验。

因此，司马懿说："诸葛亮如果真的英勇的话，他就带领部队沿着秦岭一直向东，避实击虚，攻击我们的城池；或者以攻击我们的城池为诱饵，围城打援，等魏军救援的时候，野战打击。如果诸葛亮西上五丈原，就没事了！"

司马懿的确很高明，他看似被动，但实际上从他进军渭南那时候起，就已经掌握了战役的主动权。

在这个决定整个战局走向的关键时刻，诸葛亮犹豫了。史书上司马懿是这样评价自己这个大名鼎鼎的对手的："诸葛亮多谋少决。"在官渡之战时，郭嘉也曾对曹操说过袁绍多谋少决，而称赞曹操说："得策则行。"可见，优柔寡断、患得患失是为将的大忌。

最后，诸葛亮的眼睛瞄上了渭河南岸的高地五丈原和渭河北岸的北原。

五丈原，位于陕西省宝鸡市岐山县境内，东距西安130千米，西距宝鸡56千米，北距岐山县城25千米。它南依棋盘山，北临渭河，东西两面为河流冲的深沟，形势险要。

于是，诸葛亮兵上五丈原。

长期驻守陇西的雍州刺史郭淮向司马懿建议："若亮跨渭登原，连兵北山，隔绝陇道，摇荡民心，此非国之利也。"

司马懿马上心领神会，立即传令，胡遵、郭淮率军上与五丈原隔渭相望的北原。胡遵，安定临泾人，死后追封车骑将军，有六个儿子，个个都很了得，他的一个孙子胡渊在钟会反叛的时候杀了钟会。北魏时期，胡遵的后人中出了个祸乱朝纲的胡太后。

等诸葛亮派兵渭河争北原的时候，胡遵、郭淮已经占领了有利地形，正在修筑堡垒。

魏军立刻发起反击，击退了蜀军。

接着，诸葛亮汲取了前次兵力较少的教训，率大军假装向西前进。

郭淮却判断诸葛亮如此大张旗鼓地西进，必定是在声东击西，调动魏军主西援，以便趁机渡渭河向东进攻阳遂（故址在北原东，即今陕西省眉县西之渭北）。

果然，蜀军趁夜猛攻阳遂，魏军早有准备，双方会战于积石。

到了这时，五丈原东有司马懿的大营，隔河北面、西面就是胡遵和郭淮的部队。诸葛亮东去与司马懿求战不得，北上又渡不过渭河；再回到出发点，越过司马懿大营东出，恐怕连想都不敢想。

战事陷入了僵局。而这个僵局正是司马懿愿意看到的：作为客军，你的粮草总有吃完的一天，到时候，我再揍你。

诸葛亮也不是没有看到这一点。那么，怎么能变被动为主动呢？

一方面，诸葛亮派军连日到司马懿营前挑战；另一方面，诸葛亮分出一部分兵力，开始在渭河南岸谷地进行屯田。

你不出战，不是想拖死我吗？好，我索性把这里当家，咱们老哥俩对着耗上了，看谁能耗过谁！

如果你想趁我分兵屯田来打我，那正好咱们拼拼！

目前两军的态势是：蜀军在五丈原一带的渭河南岸地区占据一片区域，东面是司马懿主力沿渭河一线筑垒坚守，北面是郭淮军依托北原的地势筑垒防御，其西面是坚固的陈仓要塞，只有南面是通往汉中的斜谷。

从五月到八月，诸葛亮多次向魏军挑战，但是，魏军就是坚守不出，这样度过了一百多天，并且皇上派来了辛毗与其一起作战。

辛毗，字佐治，颍川阳翟（今河南省禹州市）人。他是个正直而又固执的老人家，为人刚正，常常犯颜直谏。

曹丕曾经喜欢带着一群大臣打猎玩，玩足玩美以后，曹丕得意扬扬地问辛毗说："咋样？很高兴吧？"辛毗直接回答他："对你来说很高兴不假，可是对于我们做臣子的，很苦！"说得曹丕无话可说。

辛毗就是这样一个有名的倔老头。

说到辛毗，捎带说说他的女儿辛宪英，她也是个了不起的人物。《晋书·列女传》称："宪英聪明有才鉴。"曹丕登基那天，高兴得搂着辛毗的脖子，让辛毗猜自己高兴不高兴。辛宪英听说以后，就说曹丕在父亲刚死的情况下，竟然做出这样轻佻的举动，断言曹魏会是一个短命的王朝；她还准确断言司马懿高平陵事变的性质，准确断言钟会反叛。后来她嫁给羊耽，成为著名的太傅羊祜的婶子。她的外孙夏侯湛，与潘岳齐名，神逸貌美，时人号为"连璧"。过去有诗歌把辛宪英的智慧、曹娥的孝道、花木兰的忠贞、曹令女的气节、苏若兰的文才和孟姜女的刚烈并称为女中之冠。

而辛毗之所以那么牛，绝不是因为自己有一个宝贝女儿，而是因为老人家对曹魏立有大功，可谓是破家为国。本来辛毗和哥哥辛评在袁绍手下工作，辛毗看到袁绍无能，就对哥哥说改投曹操，可哥哥辛评却没有同意。官渡战败后，袁绍不久就死去了。那时，辛毗在袁谭手下，袁谭派辛毗去曹操那里搬兵打自己的弟弟袁尚，曹操就趁机把久闻大名的辛毗扣在了自己身边。那头，邺县城里的审配发现辛毗投敌，就以此为由把辛家满门抄斩。然而，审配的侄子审荣和辛毗私交很好，对自己叔叔审配的做法十分厌恶，等曹军围困邺城的时候，就偷开了邺城城门，让曹军顺利攻下了袁尚的老窝。

在曹睿派遣辛毗来司马懿军中的时候，他的官职是卫尉，位列九卿，负责皇宫的警卫，这个职务都是由皇帝最放心的人物担任。而这次派来的身份则是大将军军师，并且加“使持节”号，这是持节中最厉害的一种，可以自行诛杀两千石以下的官吏。

“持节云中，何日遣冯唐？”节，是什么？

汉代的节，“以竹为主，柄长八尺，以牦牛尾其旄三重”。汉一尺约合今23厘米，可知是在一根约长1.8米的竹柄上，束有三重用牦牛尾制的节旄。皇帝不能事事躬亲，所以必须指派人代行，可空口无信，以节为凭。节代表皇帝的身份，凡持有节的使臣，就代表皇帝亲临，象征皇帝与国家。因为辛毗是使持节，所以，实际上魏军西北军区的最高统帅不是司马懿，而是辛毗。所以，《三国志》里也说：“明帝以毗为大将军军师，使持节，六军皆肃，准毗节度，莫敢违犯。”

由于司马懿所带的魏军坚守不出，在迫不得已的情况下，诸葛亮派人给司马懿送去一套女人的衣服。司马懿知道是计，并没有理会。这下使诸葛亮更怒，就派蜀军轮着班没日没夜的叫骂。

在蜀军没日没夜的辱骂当中，吴国的部队也开始了对魏国的进攻，魏明帝则正准备御驾东征。

魏明帝的思路非常清晰，他在让辛毗带来的诏书中明确要求：“我要你坚守营垒，摧毁敌人的士气，使他们想进攻无法进攻，想决战无法决战，用时间换他们的粮食，粮食耗尽，又没有地方可以抢夺，自然撤退。等他们撤退时进击，可以大获全胜。”一句话，西线无论如何都必须采取守势，违令者，斩！

西线将领们的情绪降低到了极点！

司马懿的情绪随着众人也降低到了极点！

无数个西北汉子对着骄横的蜀军怒目圆睁，但又无可奈何。

终于有一天，在长久的忍耐中，在忍无可忍中，一个人接着是一群人，咆哮着跨马持枪要带领手下冲出营门，他们的忍耐到了极限，他们决定不顾皇帝的诏书，去与狂妄的蜀军拼个你死我活！

遥遥的，在军门正中，站着一个老人。

西北高原上刮来的风，吹动着他花白的胡须和那同样花白的头发，在高大的营门中，在威武的军马下，他显得那么瘦小，甚至令人怀疑风都能把他刮倒。

他手中紧紧地握着一把节！

节上的牦牛尾在阳光的直射下显得那么耀眼、醒目。

老人目视前方，纹丝不动。他从喉咙中发出沙哑低沉的嘶叫："敢迈出军门一步者，杀无赦！"

周围只剩下呼呼的风声和战马的长嘶。

其间，司马懿也不失时机地秀一下自己，做出积极请战的姿态，甚至也披甲上马，试图冲出军门。据《魏略》记载："宣王数欲进攻，毗禁不听。宣王虽能行意，而每屈于毗。"

回想起来，以司马懿的狡诈，这样做有几个好处：

一是把自己紧紧地和那帮有勇无谋但又手握兵权的将军们绑在了一起，提高了自己在那帮实力派心中的地位。

二是显示自己的勇。作为一名统帅，如果没有勇气，就没人从心眼里服你，也无法有效地控制军队。这在关键的时候非常重要，尤其是在官位不起作用的时候，比如说在大败被敌人追杀，或者在政变中，瞬间决定是否跟定你，靠的就是这种发自内心的对你的敬重和长期形成的情感纽带。

三就有点卑鄙了。司马懿千里请战，姑且不说是场把戏，我们也不知道请战书到底是怎么写的，但揣测起来，势必情词激烈。魏明帝被逼到了墙角，人家请战，你总不能压着不报吧，魏明帝担心之下就派去了辛毗，一切懦弱怨气从司马懿的身上化解得无影无踪，转嫁到了魏明帝的身上。

这一点与真正的忠臣时时刻刻维护皇帝的形象截然相反。

时间一天一天地过去，双方就这么干耗着……

不过，打不成仗，相互之间还是有交往的。司马懿对诸葛亮派来的使者，不谈军事，只是关心诸葛亮的身体状况，你家丞相吃饭吃的咋样，休息得好不好，一副关心的模样。使者说：“诸葛公勤劳为国，每天天不亮就起床工作，一直忙到夜深，对于处罚20棒以上的都要亲自审问，每顿吃得很少。”在司马懿温情脉脉的“关心”下，使者无意中透露了蜀军最大的军事秘密——主帅的身体状况。等使者走后，司马懿对手下说：“诸葛亮吃得少，处理的事情又多，长期这样，身体怎么能受得了呢？”

终于，八月的一天，一颗长长的彗星落到五丈原上。伴随着那颗大星的陨落，发出了震耳欲聋的声音。过了几天，诸葛亮就病死在五丈原上。人们都说诸葛亮是劳累死的，死时年仅54岁。

人们惊奇地发现：诸葛亮竟然和汉献帝刘协同年生，同年死。汉朝的最后一个君主为了复兴汉室而殚精竭虑，堪称汉朝最后的一任宰相也同年死去。这是历史的巧合吗?

它意味着什么呢?

瑟瑟的风依然在吹着。

而那个时代将永不再来。

平心而论，从纯军事的角度来看，诸葛亮的确不是一个顶尖的军事家。

诸葛亮第四次出祁山时，魏延率领一万精骑长驱沓中并击败郭淮，从这一点可以看出，在诸葛亮训练下，当时的蜀军，不论是长途奔袭或者是双方对攻，战斗力都是很强的。有这么好的士兵，但是和司马懿一旦对垒起来，总是显得束手无策。其实，打仗就是这么邪乎，用兵贵在用奇，可诸葛亮总那么正儿八经，即使陈寿也评价道："……（诸葛亮）然连年动众，未能成功，盖应变将略，非其所长欤！"

不过，诸葛亮绝对是一个伟大的政治家和外交家。很多年以后，当晋武帝问樊建诸葛亮之治国，樊建回答说："诸葛亮闻恶必改，而不矜过，赏罚之信，足感神明。"

诸葛亮在卧龙岗上就提出了三分天下的预言，并设计出从荆州和汉中两路夹击曹魏的策略，如果当时认真做好与孙权的关系，并且分出进攻的主次，采取虚虚实实的战略，以汉中王在汉中北进，实施佯攻，把荆州作为主攻方向，成功的希望还是很大的。后来，毛泽东在读苏洵《权书·项籍》中有关评说诸葛亮"弃荆州而就西蜀，吾知其无能为也"一条时，写下了批语：其始误于《隆中对》，千里之遥而二分兵力，其终则关羽、刘备、诸葛三分兵力，安得不败。老人家批评诸葛亮两路出击没有集中兵力于一路是错误的。也许两路打击并没有错，错的是平均分配兵力，没分主次，试看以后蜀国失去荆州以后，只能从汉中北出，再无第二条出击道路，魏国防守则游刃有余；而只能北出的蜀国，"其守不可出，其出不可继，兢兢自安犹且不给，而何足以制中原哉？"（苏洵《权书·项籍》）

然而，千年以来感动我们的还是诸葛亮的忠诚、勤恳，还有那种明知不可为而为之的类似殉教一样的执着。

辅政大臣

当一个政权存在强大外患的时候，往往是这个政权最团结的时候，也是真正能够任人唯贤的时候。险恶的外部环境，恰恰是司马懿这样的才智之士发展事业的黄金阶段。

所以，尽管司马懿是诸葛亮的头号劲敌，但诸葛亮却不是司马懿的头号劲敌，司马懿真正的劲敌是曹操。

论政治，曹操挟天子以令诸侯，牢牢把握着道德和法律的优势；论军事，曹操三分天下，稳扎稳打，军纪森严，猛将如林；论才华，《龟虽寿》《短歌行》笑傲千古；论胸襟，曹操气吞万古，早就视神州华夏为曹某人囊中之物。

可以说，无论在哪方面，司马懿都自愧不如。

满腔自负的司马懿碰上曹操，沮丧之情不言而喻，不要说天下还有刘备、孙权等厉害角色，只身边曹丞相这样一位人物，司马家的千秋霸业就得泡汤。

可是事已至此，既来之则安之吧。戒急用忍，就是司马懿这个人物高于三国时期其他人物的地方，只要有一口气在，就意味着还有胜算。

司马懿深知在曹氏面前稍一暴露自己的野心，都会招来杀身之祸。他的担心不是没有根据的，聪明绝顶的主簿杨修就是因为卖弄了几次小聪明被曹操砍掉了脑袋。

司马懿比曹操小20多岁，曹操晋封为魏王之后，220年正月，终于翻了身，司马懿头上的巨石终于被老天搬开。

曹操的大儿子曹丕世袭其父当上了魏王，年轻人有魄力，几个月后就迫使汉代最后一个皇帝汉献帝禅让，曹丕坐上了曹操为他打造好的皇帝宝座，把座位上的汉字号品牌标签换成了魏字号，史称魏文帝。

曹家用禅让的办法从刘汉手中得到帝位的时候，肯定没有想到四十几年后，忠心耿耿的老奴司马懿的后人，也会用这个办法把他们赶下皇位。

这个时候的曹家对司马懿已经完全放心，把再大的权力交给他也放心。

曹丕给司马懿的职位是抚军大将军，录上疏事，坐镇首都许昌，相当于军政大权一把抓。司马懿一面心中窃喜，一面竭力推辞。喜的是，自己终于熬到了权力的顶峰，曹家的态度已经证明自己的战略之正确，能力之伟大；推辞是因为这个位置太显眼，曹魏的势力毕竟还很大，他不想让自己过早成为众矢之的。

面对皇帝的信任，司马懿却之不恭，只好答应了，但他不是普通人，他深懂韬光养晦，似乎职位越高意味着责任越大，真有一副皇家老黄牛的劲头。

曹丕称帝六年后，以39岁之龄病死任中。司马懿熬走了曹丕。按照曹丕遗愿，由大将军曹真和司马懿共同辅佐魏明帝曹睿管理朝政。

五年后，司马懿又以一贯的踏实稳重，不紧不慢地熬走了与自己分庭抗礼的曹真大将军，自此总揽军权，统率军队南挡东吴、西阻蜀汉，此间又挥师北进，剿平了割据辽东的公孙渊，可谓千辛万苦、九死一生。

下这么大功夫，司马懿真正是无怨无悔，因为他知道，自己的努力不是为曹家，他打着忠君爱国的旗号东挡西杀，征服的每一寸土地，早晚都

会归到他司马家的名下。

这个战略真是英明得无与伦比，平定了辽东公孙渊之后的司马懿可谓功盖三分国，德行配天地。而此时，“高寿”34岁的魏明帝曹睿因“劳累”过度，走完了他的一生。

曹睿临死之前拉着司马懿的手语重心长地说：司马公啊，我对你最放心，我死后这个小孩子就交给你了，希望你和曹爽共同辅佐他，让我们老曹家的天下万年长啊！

事起高平

曹睿说的“小孩子”就是当年八岁的曹芳，而一同托孤的曹爽就是前几年与司马懿共同辅政的曹真的儿子。

虽然曹爽和司马懿的官职一样大，但毕竟是曹家天下，抢夺起权力来比外姓人更加无所顾忌。曹爽年轻，属于少年得志，少年人自有少年人的活法，入阁之前的曹爽是不折不扣的少壮派，跟何宴、邓飏、丁谧、毕轨一班高官后代一起开过沙龙，流行音乐、小资情调是联系他们的纽带。

朝中老臣们看不惯这帮少壮派，如今曹爽入阁，这帮人也都受到了重用。

跟上司有共同爱好就是最好的进步资本。这群雄心勃勃却志大才疏的年轻人哪有什么好招教给曹爽啊？第一步就鼓捣小皇帝用明升暗降的办法封司马懿为太傅，架空了司马懿。接下来任命何宴、邓飏、丁谧为掌管各部的部长，毕轨当了首都军区司令，曹爽的几个弟弟有的当了宪兵司令，有的当了皇办主任。表面上曹爽独掌了军政大权，似乎真的很爽了。

此时的曹爽改变了以往对司马懿以父辈相待的态度，大事小事再不和他商量了，看在他为曹家的事业作过重要贡献的面子上，保留元首级待遇，允许他坐着豪车在京城自由活动，偶尔让他拜谒一下先祖的亡灵就已经不错了。

此时司马懿又用起了他的老办法——装病，声称自己战争年代身体损伤严重，如今年纪大了，挺不住了，终于积劳成疾，卧床不起了。

曹爽听说司马懿生病了，也多少有些怀疑，就派自己的亲信官员李胜去打探。李胜当时被派去荆州做刺史，就以向司马懿告别为借口去试探。李胜到了司马懿的卧室，只见司马懿躺在床上，两个使唤丫头正伺候他吃粥。司马懿似乎没法用手接碗，只能把嘴凑到碗边去喝，就是这样，没喝上几口，粥又沿着嘴角流了下来。李胜在仔细地观察司马懿，觉得司马懿真是病入膏肓，很是可怜。

李胜不忍多看，他对司马懿说："这次蒙皇上恩典，派我担任荆州刺史，故特地来向太傅告辞。"

司马懿听了，喘着气说："委屈您啦，并州在北方，接近胡人，您要好好防备啊。我病得这样，只怕以后见不到您啦！"

李胜听了，纠正说："太傅听错了，我是去荆州，不是并州。"

司马懿似乎还是听不清，疑惑地看着李胜。李胜于是又大声说了一遍，司马懿这次总算搞清楚了，苦笑着说："老了，耳朵聋，听不清了。您做荆州刺史，这太好啦！"

李胜实在看不下去了，他向司马懿告辞，回到曹爽身边，把情况一五一十地说了一遍，然后叹了口气说："现在太傅只差一口气了，您也

就不用再担心了。”曹爽听了，也十分高兴。可他们谁都没想到，司马懿是装病的行家，当年他就是用这招儿蒙骗曹操，不去做官，如今也不过是故技重施罢了。

司马懿日夜筹备事变，但这个计划却只和长子司马师商量，直到行动前的那个晚上才告诉了次子司马昭。拥有这样谨慎性格的人，怎能不所向无敌？

司马懿最器重长子司马师，这个儿子有魄力、有能力，平时就私下豢养了三千兵士。如果运用曹魏的军队，那样一是太显眼，二是不能保证突然事变时听从指挥。而司马师用自家的钱豢养的这三千兵士绝对是心腹死士。对阵敌国的大军团虽然不顶用，但对付志大才疏的曹爽等人，则是十拿九稳。

在事变前的晚上，安排好此次的行动之后，大家都去休息。司马懿让人去看两位公子的动静，那人回来禀报说：大公子睡得又香又甜，二公子却在床上“烙饼”。

难怪司马懿偏爱司马师啊！

249年新年，魏少帝曹芳到城外去祭扫祖先的陵墓，曹爽和他的兄弟、亲信大臣全都跟去了，因为司马懿“病重”，也就没有请他同去。可曹爽陪曹芳刚离开洛阳，太傅司马懿的病就全好了。他马上披戴起盔甲，带着两个儿子司马师和司马昭，率领兵马占领了城门与兵库，发动了政变，控制了京都，并假传皇太后的诏令，把曹爽的大将军职务撤了。同时上疏曹芳，指责曹爽背弃先帝遗命，败乱国典，排斥群臣，任用亲信，目无君主。因此，他不得不采用兵谏的办法，为国除害。

司马懿派人把奏书送往城外，曹爽看后，惊慌失措。这时大司农桓范逃出洛阳，来见曹爽，劝他们携皇帝到许昌，调外地的军队和司马懿作战。曹爽迟疑不决，桓范对曹爽说："如今你是同天子在一起，号令天下，谁敢不应？"曹爽一言不发。桓范又说："现在动身去许昌，第二天就可以到达，那里有武器库，可以武装军队，担心的只是粮食，但大司农的印信还在我身上。"曹爽兄弟还是不听。这时，司马懿派人告诉曹爽，只要他罢兵免官，交出兵权，就可以回归府第，保留封爵。

曹爽听了来人的劝告，说道："司马懿只是为了夺我的权，我回归府第，仍旧可以做个富家翁。"桓范知道这样做后果将不堪设想，禁不住哭道："你父亲是个好样的，想不到生了你们兄弟，我为什么竟和你们一起遭受灭族之祸呢？"

曹爽交出兵权，回到洛阳家中。不久，司马懿以更多的罪状，将曹爽兄弟及何晏、邓飏、丁谧、毕轨、李胜、桓范等全部处死，并诛灭三族。由于曹爽集团的所作所为不得人心，司马懿发动政变时，朝内外的文武大臣多数是袖手旁观，曹爽的军权一被剥夺，曹爽集团也就随之土崩瓦解了，曹魏的军政大权从此归司马懿控制。

但曹爽集团的垮台，并不等于司马氏与曹氏之间的矛盾已经解决。一部分有军事实力的亲曹势力又先后起兵反对司马氏。

嘉平三年（251年），太尉王凌在扬州发难，图谋推翻司马懿，废皇帝曹芳，立楚王曹彪为帝，此举意在架空司马懿挟曹芳以令诸侯的威力。你不是拉皇帝做虎皮吗？我立一个新的，至少可以和你势均力敌。

此事被人告发了，司马懿却下了赦免令，王凌本来揪起的一颗心落了地，没想到司马懿这么仁慈啊，早知道这么好的上司，我跟他一伙多好啊。

王凌宽慰了没两天，司马懿的大军到了，王太尉猝不及防，只好束手就擒。

押送王凌去洛阳的路上，王凌托人向司马懿要几根棺材钉，想试探一下此行的吉凶。别的事不好办，这个很痛快，很快几根质量上好的棺材钉就送到了王凌眼前。

没说的，为免受死前的折磨，王凌在半路服毒自杀了。

照例，和此案有关的人统统灭三族，已经病死的令狐愚被从坟里扒出来暴尸三天，楚王曹彪也“被自杀”。

原来曹家的许多皇亲国戚封王封侯，在全国各地称王称霸，司马懿让皇帝一道命令，将他们全部召回洛阳城内，不准相互往来，不准自由进出，就像一群关在圈里随时准备宰杀的肥猪，全给软禁了。

嘉平三年（251年）八月，司马懿因病医治无效与世长辞，时年73岁。

他的死并未给司马政权造成巨大损失，他稳扎稳打、坚定不移的一生已经为其后代坐上皇位铺就了坚实而广阔的道路。

第二章 代魏称帝　建立西晋

265年，司马昭病死，享年55岁。司马炎继承相国、晋王位，掌握全国军政大权。经过精心准备，同年12月，仿效曹丕代汉的故事，为自己登基做准备。265年，司马炎登上帝位，改元为泰始，国号大晋，史称西晋。

子元秉政

司马师画像

讨灭王凌后不久，司马懿就因病身亡。司马懿死后，司马家的摇尾系统纷纷向皇帝曹芳建议，应该由司马师继承司马懿的辅政地位。

当时的司马师已经因为高平陵有功，而被封为长平乡侯，握着京师的全部武装力量。曹芳无奈，只得任命司马师为抚军大将军辅政，并主管政府的机要。

司马师，字子元，是司马懿的大儿子。司马懿一共有9个儿子，大老婆张春华生司马师、司马昭、平原王司马干，伏夫人生汝南文成王司马亮、琅邪武王司马伷、清惠亭侯司马京、扶风武王司马骏，张夫人生梁王司马肜，柏夫人生赵王司马伦。在这9个儿子中，除了司马京早死、司马干荒唐以外，其他几个都是赫赫有名的人物，以后我们会一一提到。

回过头来说司马师。

司马师、司马昭两兄弟跟随其父征战多年，最得司马懿器重的就是长子司马师。这个家伙敢想敢干，有勇有谋有魄力，绝对是开拓型人才。

在家族被外界强力打压的时候，他不是束手就擒，而是悄悄豢养训练了三千死士，在高平陵事变中一举夺权成功，可见其英勇决绝的魄力。

司马师上台后，注意笼络曹魏的旧臣，并维持原有的规章制度。有人请求改易朝政，司马师说："三祖制定的典章制度，应该恪守，除了军事以外，不得任意改变。"这些设施，对于稳定司马氏的统治起了一定的作用。

嘉平四年（252年）春正月，21岁的曹芳任命45岁的司马师为大将军，加侍中，持节、都督中外诸军、录尚书事，由此，司马师成为曹魏帝国最有权势的大臣。中年的司马师，已经具备丰富的执政经验，为了稳定政局，他在政府中安排了来自各方势力的人员：诸葛诞、毌丘俭、王昶、陈泰、胡遵为地方军区司令；王基、州泰、邓艾、石苞为州郡；卢毓、李丰主抓选举；傅嘏、虞松参计谋；钟会、夏侯玄、王肃、陈本、孟康、赵酆、张缉都被任命为政府官员，参与朝议。同时，命令百官举贤才，明少长，恤穷独，理废滞。史书记载："四海倾注，朝野肃然。"

也就是这个时候，竹林七贤们有自愿的，有被迫的，出来做事。阮籍在高平陵事变以后，就被迫做了司马懿的从事中郎，现在变为司马师的从事中郎；《晋书·山涛传》记载，山涛找司马师求官，司马师说："姜太公也要出山为官吗？"就命令司隶举为秀才，任命为郎中。由于政治上的强制，正始以后，竹林中的大部分人先后出山做了官。阮籍等人害怕卷入政治纠纷而又无法远离政治的矛盾，使得他们表现为一种奇特的"世隐"或"朝隐"式的生活态度：身在庙堂，心在山林；身任官职，却遗落世事；他们或口出玄远，或酣饮纵放，或服食求仙，成为当时特定的社会政治环境下的独特现象。

同时，司马师也意识到了少数民族尤其是居住在山西境内的匈奴可能发生的隐患。城阳郡（今山东省诸城市）太守邓艾上书说："单于被留在内地，羌夷人失去统御，无论离散或集合，都无人管理。而今，匈奴民众与单于日益疏远，而各部部长的威望却日益加重，对于他们的动向，要特别戒备。听说刘豹（左部）有一部分叛变的部众，最好是利用这个机会，把他们分割为两部，以削弱他们的实力。右贤王去卑，曾在东汉王朝末年建立功勋，可子孙不争气，遂告衰弱。我们应该封他们一个尊号，让他们驻屯雁门郡。"又说："羌胡跟汉人混杂居住的现象，应该制止。应逐渐把他们迁出汉人聚集区。"司马师全都采纳。

可以说，在司马师开始执政的一年半时间里，曹魏的大局还是基本稳定的。

曹髦之死

嘉平六年（254年），司马师杀中书令李丰、太常夏侯玄、光禄大夫张缉。李丰在中书两年，魏少帝常常召见他。司马师问李丰皇帝同他说了些什么，李丰不以实相告。于是司马师怒，以刀镮打杀李丰。杀夏侯玄则是因为他与曹爽是姑表兄弟，张缉则是魏少帝皇后的父亲。三人都与曹魏的关系密切。同年，司马师逼皇太后废了魏少帝，另立高贵乡公曹髦为帝。

曹髦，字彦士，曹丕的孙子，东海定王曹霖的儿子。曹丕一共有9个儿子，曹霖是曹丕的仇昭仪所生。在魏明帝曹睿时期，因为父亲曹丕对曹霖很好，因此，曹睿对弟弟曹霖也关爱有加。但是，这个曹霖却性格暴虐，残害了很多自己的妻妾，此人在曹芳的嘉平元年（249年）就死去了，当时的曹髦才8岁。

有这样一个暴戾的父亲，童年时代的曹髦是不幸的。但是，曹髦正如他的字一样，是一位好学上进的青年。《魏氏春秋》记载，司马师曾经问钟会，皇帝是什么样的人，钟会回答："才同陈思，武类太祖。"这应该是很高的评价。曹髦还擅长丹青，他画的《黔娄夫妻图》，被唐代张彦远《历代名画记》目为中品。如果几年前曹芳没有被司马师废黜，他也不会被郭太后推举为皇帝，虽然曹氏逐渐败落，但曹髦也应该能够平平安安地度过一生。然而，不幸的是，在这个多事之秋，他却被阴差阳错地推举为曹魏的第四任皇帝。

身为皇帝的他，自然就有了一份责任和担子。不过，自正元元年（254年）继位，到甘露三年（258年）司马昭平定诸葛诞的兵变，在这3年多的时间里，虽然曹髦也经历了毌丘俭文钦之乱、司马师之死和诸葛诞被杀，但总体上，曹髦并没有参与政事，而是在深宫中接受教育。《三国志·三少帝本纪》记载，曹髦正元元年（254年）十月继位到正元二年（255年）九月，学完了《尚书》；《魏氏春秋》记载，到甘露元年（256年）二月，曹髦在太极殿东堂与群臣探讨学问，提出中兴夏朝的少康与创业之主刘邦，孰优孰劣的问题。这个命题隐含着"以德治国"与"以力得国"的优劣问题，也显示了曹髦要做一个中兴之主的决心。倾向于司马氏的群臣大都提出刘邦的地位要高于少康，但是，曹髦却认为少康给天下带来安康，以德教化天下，应该比创业之主刘邦更可贵。同年四月，曹髦又深入太学，对《易经》《尚书》《礼记》等内容进行了广泛的探讨。

史书还称，曹髦引王昶的侄子王沈、裴秀（被称为"后进领袖"）、钟会、王经等人多次在太极殿东堂，研究学问，并称王沈为文籍先生，裴秀为儒林丈人。表面上看，曹髦似乎不关心世事，醉心典籍，然而，作为曹氏子孙，眼睁睁地看着自己的国家被他人窃取，心里当然不是滋味，他与一些文学之士频繁探讨学问的同时，其实也是在试图从中发现忠于曹氏社稷的人才。可是，在当时的政治环境下，曹髦的努力注定不可能成功。

刚刚上台的时候，司马师突然死亡，让曹髦看到了一丝机会。但是，自己拉拢钟会的努力一直没有半点作用，这个机会瞬间就被傅嘏和钟会化解了，他们竟然明目张胆地违抗圣旨，把军队交给司马昭，并与司马昭一起回到了洛阳。也是从这一次起，曹髦退缩了，不敢再有奢望，而也正是曹髦的这次出击，让司马昭不敢有丝毫的马虎。即使郭太后，他也不放心了，谁知道这些主意不是这个老婆子出的呢？因此，在应对诸葛诞叛乱的时候，司马昭不得不将郭太后和皇帝也都带到军中。

面对诸葛诞的反叛，曹髦内心深处多么想诸葛诞能够胜利，打败司马昭啊！可是，事与愿违，司马昭老谋深算，一步一步地把诸葛诞逼到了死地。

而曹髦不得不又一次强颜欢笑，在司马昭诛杀诸葛诞之后，及时地把司马昭曾经驻屯过的地点丘头，改为武丘，以纪念司马昭的武功，并加封司马昭为相国、晋公。

得胜回来的司马昭与曹髦之间又开始了新一轮你来我往的太极推手。司马昭一直再三辞让，直到辞让了9次，终于没有当相国和晋公。

曹髦当然知道这只是司马昭的表演，他也对司马昭的这一套厌恶透顶。但是，司马家的人早已遍布朝廷上下，从高平陵之后，司马懿三父子早就不上朝堂了，而曹魏的政事全部都在司马懿父子的家中，这已成了多年的习惯，年轻的曹髦又能做什么呢？

曹髦是苦闷的。当时各处都传出井中见到黄龙的祥瑞，这些祥瑞似乎预示着什么。甘露四年（259年），当宁陵的井中再次出现两条黄龙的时候，群臣向曹髦道贺。面对着群臣，曹髦却说："龙代表着皇帝。如今，龙上不着天，下不在田，多次发现被困于井中，这并不是什么值得祝贺的。"并做了《潜龙诗》："伤哉龙受困，不能跃深渊。上不飞天汉，下不见于田。盘踞于井底，鳅鳝舞其前。藏牙伏爪甲，嗟我亦同然。"

司马昭看了曹髦的这首诗，内心十分厌恶。

曹髦做了六年的傀儡皇帝，终于忍不下去了，于是在甘露五年（260年）四月的一天，曹髦决定与司马昭做最后一拼。他对近臣侍中王沈、尚书王经、散骑常侍王业说："司马昭之心，路人皆知也。吾不能坐受废辱，今日当与卿等自出讨之。"尚书王经听后，赶忙劝道："今权在其门，为日久矣，朝廷四方皆为之致死，不顾逆顺之理，非一日也。且宿卫空阙、兵甲寡弱，陛下何所资用？而一旦如此，无乃欲除疾而更深之邪！祸殆不测，宜见重详。"曹髦也是年轻气盛，从怀里取出讨伐诏书扔在地上说："行之决矣。正使死，何所惧！况不必死耶。"随后曹髦入宫将自己的决定禀告皇太后，可王沈与王业也是司马昭的人，他们赶忙跑去告诉司马昭，要他早作准备。曹髦禀告皇太后后，拔剑登车，率领殿中宿卫，宫中奴隶数百人，鼓噪而出。曹髦先遇着了司马昭的弟弟屯骑校尉司马伷。司马伷的兵士看见是皇帝，不敢犯驾，一哄而散。很快，曹髦又遇到贾充，贾充是司马氏的死党，他的部众看见是皇帝，也想跑。这时候，有个叫成济的人问贾充："事急矣，当云何？"贾充听后说，"司马公畜养汝等，正为今日。今日之事，无所问也。"成济听贾充这么说，赶上去一枪，就把曹髦刺死在了车上。

消息很快传到司马昭那里。司马昭听说成济杀了皇帝，连忙赶到朝堂上，召集大臣们商量。司马昭问老臣陈泰："您说，现在叫我怎么办

好呢？”

陈泰回答说：“唯有斩了贾充的头，才能多少向天下交代啊。”

司马昭当然不会同意杀贾充，就又问陈泰：“还有没有其他办法啊？”陈泰正色说：“只有比这更重的办法，没有再轻的了。”司马昭一听，就不吱声了。

起初，司马昭想不了了之，他用太后的名义下了一道诏书，给曹髦加上许多罪状，将其废作平民，企图把曹髦被杀的事轻轻掩盖过去。可群臣依旧议论纷纷，责问司马昭为什么不惩办凶手。司马昭没法，就把罪责全推给了成济，将成济定了一个大逆不道的罪，满门抄斩了。

淮南三叛

曹髦为皇帝时，曾下旨令司马师“登位相国，增邑九千，并前四万户；进号大都督、假黄钺，入朝不趋，奏事不名，剑履上殿；赐钱五百万，帛五千匹，以彰元勋”。司马师辞谢不受。位极人臣的司马师用极大的权力换来了极大的满足，也换来了反对者的行动。

当时全国武装力量基本掌握在司马氏手中，只有镇东将军毌丘俭掌握了一部分兵力。毌丘俭平时和夏侯玄、李丰关系友好，夏侯玄等人被杀后，毌丘俭对司马师深感不满，对自己的处境也常感不安。扬州刺史文钦英勇善战，武艺绝伦，他和曹爽是同乡，以前很得曹爽厚爱，就依仗曹爽威势欺压别人。曹爽被杀，失去靠山的文钦经常受司马师打压，因此而生怨恨之心。毌丘俭与文钦一拍即合，决定反抗司马师，这次的行动也是历史上所谓“淮南三叛”之一。

毌丘俭、文钦发布起兵檄文，历数司马师的十一条罪状：其一，“盛年在职，无疾托病，坐拥强兵，无有臣礼，朝臣非之，义士讥之，天下所闻”；其二，“懿造计取贼，多舂军粮，克期有日。师为大臣，当除国难，又为人子，当卒父业。哀声未绝而便罢息，为臣不忠，为子不孝”；其三，“贼退过东关，坐自起众，三征同进，丧众败绩，历年军实，一旦而尽，致使贼来，天下骚动，死伤流离”；其四，“师遂意自由，不论封赏，权势自在，无所领录”；其五，诛杀李丰；其六，不顾大义；其七，杀张缉，逼走张皇后；其八，不奉法度；其九，“领军许允当为镇北，以厨钱给赐，而师举奏加辟，虽云流徙，道路饿杀，天下闻之，莫不哀伤”；其十，“三方之守，一朝阙废，多选精兵，以自营卫，五营领兵，阙而不补，多载器杖，充聚本营，天下所闻，人怀愤怨，讹言盈路，以疑海内”；其十一，“合聚诸藩王公以著邺，欲悉诛之，一旦举事废主”。

魏正元二年（255年）春正月，毌丘俭、文钦举兵作乱，并把自己的四个儿子当成人质送到东吴，向孙亮讨好，希望东吴给予支持，却事与愿违，并未得到东吴的大力支援。二月，毌丘俭、文钦集合了五六万人渡过淮河由寿春向西进发，没有办法直捣洛阳，也不能占领许昌，走到了河南项城被迫停住了。

毌丘俭、文钦兴兵作乱的消息传到洛阳，司马师召集百官公卿商议退敌之法，“朝议多谓可遣诸将击之”，大部分的大臣建议派遣可靠的将领引兵出击，但是王肃及尚书傅嘏、中书侍郎钟会“劝帝自行”，觉得司马师亲自挂帅更为妥当。司马师最终听取了王肃等人的建议，“统中军步骑十余万以征之”。他“倍道兼行，召三方兵，大会于陈许之郊”。多年前关羽在汉水之滨水淹七军，生擒于禁，蜀国取得如此大胜，大有向北争夺曹魏天下之势。后来关羽被吕蒙算计，东吴夺取荆州时，攻击蜀军将士家属，蜀军因此变得不堪一击，瞬间被东吴瓦解。王肃引用关羽的例子向司马师建议，下令淮南地区将士的父母妻子禁止与毌丘俭、文钦军中的一切联系，失去骨肉至亲消息的叛军自然心生厌战情绪，也会很快像关羽军队一样迅速瓦解。

司马师率大军到达隐桥，毌丘俭、文钦军中的将领史招、李绩相次来降。司马师派遣荆州刺史王基进据南顿，占领战略高地。之后司马师屯兵汝阳，采用光禄勋郑袤计策，“帝深壁高垒，以待东军之集”，并不着急用兵。“诸将请进军攻其城”，司马师手下的人很是心急，纷纷劝司马师用兵出击。然而对此，司马师分析道：“诸君得其一，未知其二。淮南将士本无反志，且俭、钦欲蹈纵横之迹，乏仪秦之说，谓远近必应。而事起之日，淮北不从，史招、李绩前后瓦解。内乖外叛，自知必败，困兽思斗，速战更合其志。虽云必克，伤人亦多。且俭等欺诳将士，诡变万端，小与持久，诈情自露，此不战而克之也。”司马师希望时间可以让毌丘俭、文钦军中自生内乱，之后一举荡平。同时派出“诸葛诞督豫州诸军自安风向寿春，征东将军胡遵督青、徐诸军出谯宋之间，绝其归路”。

毌丘俭、文钦已身处司马师军战略包围之中，进攻，不能取胜；退兵，害怕寿春被攻击，陷入了进退两难无计可施的境地。加上淮南将士家属大多在北地，现两相隔绝，军中人心涣散，全无斗志，联络投降司马师的络绎不绝。

司马师“遣兖州刺史邓艾督太山诸军进屯乐嘉，示弱以诱之”，另外，邓艾带了一万多名“太山诸军”，故意做出不堪一击的样子，引诱毌丘俭、文钦出击，一面架设浮桥迎接司马师大军。毌丘俭果然中计，派文钦率军争夺乐嘉，当文钦部队向乐嘉疯狂扑来时，却发现司马师大军早已“潜军衔枚，轻造乐嘉”，隐秘赶到，文钦军顿时惊慌失措。

文钦之子文鸯此时刚满十八岁，血气方刚，“勇冠三军”，主动请战趁夜暗偷袭敌营，跟文钦说：“及其未定，请登城鼓噪，击之可破也。”文鸳击鼓三噪，文钦却未能看准时机发兵出击，文鸳只能退走东去。之前司马师“目有瘤疾，使医割之”，出兵之前刚刚做了肿瘤切除手术，这时又目疾发作，头痛如裂，正在帐中痛苦煎熬，得知敌人突然来袭，一惊之下眼球怦然突出，他为了不乱军心，强忍住剧痛，用被子蒙住头，牙齿紧紧咬住被子一角，被子都他咬破，“啮被败而左右莫知焉”。

获悉文鸳退兵，司马师抓住时机，对诸将说：“钦走矣。”下令派遣精锐部队乘胜追击。诸将却说：“钦旧将，鸯少而锐，引军内入，未有失利，必不走也。”显然担心文鸳有诈，劝说司马师不要追击，以免中计。司马师不以为然，说：“一鼓作气，再而衰，三而竭。鸯三鼓，钦不应，其势已屈，不走何待？”文钦果然准备率军逃跑，文鸯不服，跟父亲说：“不先折其势，不得去也。”“乃与骁骑十余摧锋陷阵”，文鸳亲自率数十名骁骑回头冲击魏兵，“所向皆披靡”，所到之处，魏兵无人能敌，“遂引去”，只能纷纷向后避退。司马师派勇将“左长史司马琏督骁骑八千翼而追之，使将军乐林等督步兵继其后”，“频陷钦阵，弩矢雨下，钦蒙盾而驰，大破其军，众皆投戈而降”。文钦、文鸳父子“与麾下走保项”，“俭闻钦败，弃众宵遁淮南”。

毌丘俭听到文钦战败的消息大为惊恐，丢弃部队连夜逃走，随行的兵马并没有多少，一路上众叛亲离，最后只得孤身一人躲在路边水草中，被随后赶上的魏安丰津都尉张属搜出来，杀死。文钦父子走投无路，被迫投奔东吴。吴国授予文钦幽州牧，又封他为谯侯，号“镇北大将军”。毌丘

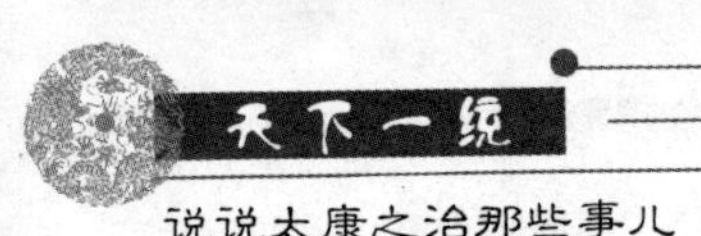

俭的弟弟毌丘秀，也逃去了东吴。而留在魏国的毌丘氏与文氏两家的人，毫无例外被司马师屠杀，并被灭三族，淮南之乱至此得到平息。司马师班师，“闰月疾笃，使文帝总统诸军”，将军队大权交给了他的弟弟司马昭，至许昌，病卒，时年48岁。

册立新君

曹髦被杀以后，司马昭立即面临着一个册立新君的问题。

曹芳是曹睿名义上的儿子，而曹髦是曹芳弟弟曹霖的儿子，可以说都是曹丕的直系后裔。然而，目前的状况是，曹丕的直系后裔硕果仅存的并不多。曹丕一共生下9个儿子：嫡长子魏明帝曹睿；其次曹协，早死，其子曹寻也于正始九年就死了；老三曹蕤，青龙元年死去，以琅邪王子曹赞过继为后；老四曹鉴，早死，无子；老五曹霖，其子之一就是曹髦，另一子曹启继承本宗；老六曹礼，太和三年死去，以任城王曹彰的孙子曹悌过继；老七曹邕，太和三年死去，以任城王曹彰的另一个孙子曹温过继；老八曹贡和老九曹俨均在曹丕活着的时候就早夭了。目前，真正在世的曹丕骨肉，也只有曹髦的兄弟这一支了，而其他各支要么是过继，要么绝嗣。如今，曹髦的兄弟自然应该排除在外，那么，曹丕系就没有一个合适的人选了。

于是，就必须从曹丕一系以外曹操其他儿子的后代中选择。

除了在曹丕系选择嗣君存在客观困难以外，还有另外一个隐秘的原因，那就是，在司马昭看来，大宗的子孙可能都以为继承皇位，是理所应当的，因此，维护皇权的责任心也比较重。比如，曹髦竟然用自己的生命去维护皇权，这样的结局确实不好收场。而司马昭需要的，不是激烈的对抗，而是平稳的过渡。

那么，对于册立那些皇室的旁系子孙，是不是要好些呢？对于他们而言，被立为皇帝，终于离开了几近禁锢的邺县，等于捡到了一个天上掉下的大馅饼。众所周知，曹丕对自己的兄弟们十分刻薄，过去，王凌企图拥立曹彪，也可以隐约看出文帝系和曹操其他儿子系统对皇位的争夺。如今，这些侥幸当上皇帝的小宗皇孙，终于有了出头之日，应该对司马昭感恩戴德，不至于像曹芳、曹髦他们那样不识好歹吧。

于是，司马昭决定从曹丕系以外的宗室中选择继承人。

而司马师和司马昭兄弟似乎对曹操环夫人生的儿孙们情有独钟。曹操的环夫人一共生了三个儿子，老大就是大名鼎鼎的曹冲，可惜早死，只剩下老二彭城王曹据和老三燕王曹宇。在齐王曹芳被废的时候，司马师就想把曹据立为皇帝，只是因为论辈分问题，郭太后为了自身利益而坚决反对，司马师只好立了曹髦。几年下来，如今的司马昭又一次将目光投到了燕王曹宇的儿子曹璜身上。

5年前，在郭太后的努力下，曹髦得以继位。而5年后的今天，司马昭的势力已经今非昔比，哪还有一个人为曹氏说话？被杀的王经就是例子。

这次，司马昭什么也没有说，只是所有的公卿大臣们说应该立曹璜。

郭太后只好下诏同意。但是，这里同样存在一个技术性问题，那就是曹璜是做曹丕的儿子还是做曹睿的儿子。虽然曹璜的父亲曹宇与自己的堂侄曹睿年龄相仿，关系亲昵，但曹宇从辈分上讲，还是曹睿之妻、如今的郭太后的叔叔，在5年前，正是因为这个原因，郭太后坚决不同意。而今

天，这个问题依然存在，按道理讲，曹璜是向郭太后叫皇嫂的，曹璜继承的应该是曹丕的皇位。

即便是司马昭再强大，也不能抛开郭太后，独自册立新皇帝，那么，要以太后的名义册立新皇帝，就还得让郭太后做她的太后，而不是皇嫂。这个看似无法解开的死结，很快就解开了，那就是：说服曹璜继承曹睿，也就是说，让曹璜向自己的堂兄曹睿叫父亲！

即便是这样，曹宇父子还是答应了。这一方面说明，司马昭的确已经威服海内；另一方面，也说明了司马昭为何对曹宇父子情有独钟，那就是，他看准了这一家的确很懦弱，也很窝囊。

于是，在曹髦被杀后一个月左右，郭太后下诏，以曹璜继承曹睿大统，同时，改曹璜为曹奂。这当然还是司马昭的歪主意，在他看来，曹璜，好像很够味。表面的理由是：曹璜这个名字不好避讳。那改成什么呢？曹奂。奂与璜，一字之差。璜是黄王，奂是换。也许，司马昭是在时时刻刻提醒你：让你坐这个位置，可不是别的，为的是，让你换位呢！别像曹髦一样想得太多了，弄得大家都不好意思。

决定下来之后，有趣的是，司马昭派到邺县迎接曹璜的正是自己的长子中领军司马炎，是否也在暗示要换给他呢？

曹奂的确很识相，也很配合。曹奂登基做的第一件事，就是下诏给司马昭晋位相国，加九锡之礼，司马昭固辞不受。十分巧合的是，就在曹奂继位的同月，那位曹丕的妹妹、汉献帝刘协的妻子曹节去世了，曹丕从自己的妹妹曹节手中夺去了汉献帝的传国玉玺，曹节当时悲恸欲绝，曾经诅咒自己的哥哥，上天不会保佑他的国祚。如今，曹节终于目睹了曹丕创立的曹魏政权行将走到它的尽头，这是命运吗？曹奂继位以后，从景元元年（260年）到晋武帝司马炎泰始元年（265年）在位5年多的时间里，他唯一放在心上的事情，就是隔三差五地发出诏书，请求给司马昭加九锡，封晋公，封晋王。261年8月一次，263年2月一次、10月一次，264年3月一次，在司马昭平定蜀国之后，他终于接受了晋王的封号。

自曹魏起正式废除了秦汉以来的二十等爵，实行公侯伯子男五等制度，黄初年间，定爵制为九等：王、公、侯、伯、子、男、县侯、乡侯（最初在乡侯之下还有亭侯、后省）、关内侯。王为皇室宗亲独有，有封地；公、侯、伯、子、男五等宗室、功臣都有，均有封地；县侯、乡侯、关内侯为功臣及子弟起家封爵，无封国，食租税。王至男视官一品，县侯视三品，乡侯视四品，亭侯视五品，关内侯视六品。黄初三年始封皇子为王，并封王之庶子为乡公，嗣王之庶子为乡侯，公之庶子为亭伯；黄初五年改封诸王皆为县王，以县为国；明帝太和六年再调整，改封诸侯王，以郡为国。王国置相、都尉（以上五品）、傅、保、友（以上六品）、郎中令、中尉、大农、司马（以上七品）、家令（八品）各一人；公国职员如王国；侯国置相（八品，相当县令）一人以及家令、家丞、傅等家臣。

因此，当曹奂给予司马昭王的封号的时候，已经意味着把祖宗家法背弃了，要把祖业让人了。

司马昭却一直显得很矜持，再三推让，甚至于十次八次地拒绝接受皇帝给予的恩宠。那是为什么呢？

司马昭想的是，要立下足以震慑住国人人心的功业，才接受水到渠成的晋王封号，瓜熟蒂落的果子吃起来才香甜。

什么样的功业？

灭国。

于是，在景元三年（262年），司马昭狼一样的眼睛投向了时时骚扰边境的西南蕞尔小国——蜀国。

讨伐蜀国

234年诸葛亮去世以后，直到238年年底，蒋琬出屯汉中，其间，蒋琬曾经企图从汉中东进，但遭到否决，以后，就任命姜维为司马，“数帅偏师西入”，从西边企图联络羌胡，占领陇西。派给姜维的多是小股部队，基本上是做试探性的攻击，或者支援魏国羌胡的叛乱。比如，《三国志·郭淮传》记载：魏正始元年（240年）“蜀将姜维出陇西。淮遂进军，追至强中，维退，遂讨羌迷当等，按抚柔氐三千余落，拔徙以实关中。”然而，一直到魏国正始六年（245年），蜀国第一人蒋琬去世，由于蒋琬身体原因，所以，蜀国没有进行大的北伐行动。双方唯一一次较大规模的战争是在244年，魏国曹爽派遣十万大军进攻蜀国，蜀国取得了汉中保卫战的胜利。但是，遗憾的是，蜀国本来就没有打算主动进攻，因此，蜀军没能扩大优势，采取进一步的进攻措施。这就是在诸葛亮死后蒋琬执政的11年中蜀国的情况。

蒋琬死后，费祎执政。从245年到253年的八年时间，费祎更是抑制姜维做大的军事进攻，每次仅仅给姜维一万多人马。战役目的主要还是利用魏国陇西的羌胡反叛力量，扰乱魏国社会稳定。比如：魏正始八年（247年），也就是曹爽和司马懿关系恶劣、司马懿装病的那一年，姜维率兵出陇西，与魏将郭淮、夏侯霸大战洮西，凉州胡王白虎文、治无戴投降姜维，姜维把他们迁移到蜀国，而其他小种的反叛羌胡却被魏国郭淮击败。到249年魏国高平陵事变以后，夏侯霸逃往蜀国，成为姜维的一个得力助手。那年的秋天，姜维派句安、李歆在陇西曲山修建了两个城池，被郭淮、陈泰攻下，损失惨重；后又派廖化企图进攻洮水，也被邓艾识破，无功而返。250年，姜维又进攻西平，没有攻下。但受降了一个郭修的人，此人心怀魏国，多次想刺杀刘禅未果，终于在253年刺杀了费祎。

这年的正月费祎被刺杀，夏天，姜维就带领数万人进攻魏国的石营（今甘肃省礼县西北），包围了狄道。以此为开始，从253年的夏天算起到263年蜀汉灭亡的十年时间，姜维一共进行了六次比较大的西征。

第一次，就是253年夏天，姜维率领数万人出石营，经董亭（今甘肃省天水市东南），围南安，魏雍州刺史陈泰解围至洛门（今甘肃省武山县洛门乡），维粮尽退还。《三国志·姜维传》称，这次由于吴国诸葛恪率二十万大军进攻魏国，魏国也集结二十万兵力迎击，因而西线兵力不足。魏军集中了西线的所有兵力，前往南安的狄道解围，姜维却因粮草不足而撤退，可以说是浪费了一次很好的机会。

第二次，是254年，狄道（今甘肃省临洮县）长李简投降蜀国，导致姜维出兵陇西（今甘肃省陇西县）。姜维占领狄道以后，又进而攻下河关（今甘肃省临夏县）、临洮（今甘肃省岷县）。但是，在交战中，魏国将军徐质斩杀蜀国荡寇将军张嶷，姜维只好把攻下的三个地方的人民迁移入蜀，草草而回。

第三次，是255年秋天，姜维和夏侯霸不顾张翼的反对，率领数万兵马再次进抵枹罕（今甘肃省临夏县），进攻狄道。当时魏国刚刚平定毌丘俭和文钦的叛乱，司马师刚刚死去，魏国征西将军陈泰命令雍州刺史王经率兵先去狄道坚守，等待陈泰大军一到，再和姜维交战。结果王经不听陈泰的话，到狄道以后，王经与姜维战于洮水西岸，结果大败，死伤万余人，剩余一万多人退守狄道。当时蜀国张翼建议就此罢手，结果姜维不听，进围狄道。魏国经此大败，高度重视起来，任命邓艾行安西将军，和征西将军陈泰并力抗击姜维，同时，太尉司马孚亲自领兵作为后援。陈泰正确分析了当时的形势，认为姜维提兵来，利在速战，王经本应当坚守，结果他主动出击，造成失败；而现在呢，姜维胜利了，本来应当不顾狄道，往东进兵，占据略阳（今甘肃省秦安县）的粮食，然后放兵招纳羌胡，再东向和魏争夺关陇。结果现在姜维乘着战胜之威却顿兵在之下，等到兵的锐气消磨掉了，粮食也跟不上了，他就退了。于是，陈泰提兵迂回到姜维背后，姜维担心被围，就撤掉了狄道之围，回军退屯钟提（今甘肃省临洮县南）。

第四次，是256年，因为上一年的胜利，姜维被封为大将军。到这一年的七月，姜维又率兵直指祁山，听说邓艾早有防备，只好回师苳亭（今甘肃省武山县南），转而进攻西边的南安（今甘肃省陇西县），邓艾驻守武城山（今甘肃省武山县西南）上，与姜维对峙。姜维无奈，趁夜率军东进，企图进攻上封（今甘肃省天水市）。邓艾在段谷（今甘肃省天水市西南）追上了蜀军，和姜维大战，由于蜀国的胡济军没有按时到达战场，邓艾军大破姜维军，姜维部队死伤惨重。姜维上疏要求自贬，刘禅只好把姜维刚刚封的大将军又罢免了，以卫将军履行大将军的职责。

第五次，257年，司马昭兴起了讨伐诸葛诞的战役，关中的部队也调往东部地区。姜维听到这个消息以后，就率领数万部队，从骆谷（今陕西省周至县西南）出击，抵达沈岭（周至县西南）。这时，长城（曹魏帝国沿边所筑的御敌要塞）存粮很多，而守军太少，征西将军、雍凉军区司令长官（都督雍凉诸军事）司马望（司马孚的次子，与司马昭为堂兄弟）和安西将军邓艾，进兵据守。姜维在芒水（周至县南里水谷）扎营，屡次挑战，司马望、邓艾都是坚守不出。双方陷于僵持，一直等到第二年司马昭杀了诸葛诞，姜维才率兵退回成都，又被封为大将军。

从刘备开始，蜀汉政权对曹魏所采取的战略是：留魏延镇守汉中（今陕西省汉中市），沿边谷中的险要关卡都有实力较强的部队驻防，如果敌人进攻，那就让敌人顿兵于汉中外围的险要关卡之下，等到敌人疲惫，再进行追击包围打击。244年打胜曹爽的兴势（今陕西省洋县北）之役，就是用这个办法。等到姜维当权，他却异想天开地建议："分别防守各地险要，只是消极抵抗，不能积极进取。不如诱敌深入，各据点储存粮秣，加强守卫，主力退守汉城（今陕西省勉县）、乐城（今陕西省城固县）。敌人一旦进入汉中平原，我们各城严密防守，再派出机动部队乘虚攻击，敌人攻城攻不下，郊野抢不到粮食，千里之长的供应线，自然不能长久维持。等他们撤退之日，我们各城同时出击，加上机动部队的力量，这是一个大歼灭战略。"

刘禅那年52岁，他接受了这个建议，命汉口防卫司令胡济将主力部队撤退到汉寿（今四川省广元市西南），监军王含据守乐城（今陕西省城固县），护军蒋斌据守汉城（今陕西省勉县）。

姜维的建议根本就是一个不考虑双方实力的糊涂想法，把险要让出去，把敌人引诱进平原，那是要冒诸城被攻破的巨大风险的啊！自己本来有地利之便，反而要放弃掉，真是匪夷所思，最后蜀汉的败亡与此不无关系，其所作所为实在是把蜀汉帝国置于极端的危险境地之中。

姜维的最后一次北伐是在蜀汉的景耀五年（262年）十月，姜维进攻曹魏帝国洮阳（今甘肃省临潭县）。曹魏帝国征西将军邓艾在侯和（今甘肃省卓尼县东北）迎战，击破蜀汉军，姜维退守沓中（今甘肃省舟曲县西北）。

此时，黄皓欲以阎宇替代姜维，姜维因厌恶黄皓擅权，曾向后主请求诛杀黄皓，但后主没有接受，姜维察觉此举可能惹怒黄皓，为了避祸便避居沓中，屯田避祸，直到钟会、邓艾领大军征蜀，蜀亡。

分析起来，即使在局部实力较强的时候，姜维统揽全局的能力也比不上他的对手魏国的陈泰，因此抓不住制胜的有利时机，这主要体现在第一、第三、第五次北伐，这三次都是在魏国东方有事，局部处于不利态势的情况下，姜维扩大不了战果；在具体作战上，姜维总是胜不了自己的死对头邓艾，这主要体现在第四、第五、第六次北伐和以后的邓艾灭蜀之战中；在战略布局上，姜维又有一种自负的骄傲，认识不到自己小国仅有十万兵力的事实却放弃沿边屯守，采取了诱敌深入的策略。这就是司马昭决定进攻蜀国以前发生的事情和司马昭面临的形势。

在这种情况下，景元四年（263年），司马昭令邓艾、钟会、诸葛绪率三路大军进攻蜀国，蜀将姜维率兵退至剑阁。邓艾在阴平（今甘肃省文县西北）想和诸葛绪联合起来，直取成都，诸葛绪不同意，便与钟会的军队会合。钟会有谋反之意，趁机密告诸葛绪畏惧不前，将他押回洛阳治罪，把他的军队归于自己指挥之下，然后向姜维发起进攻。

剑阁素有“一夫当关，万夫莫开”之称，姜维凭险据守，钟会久攻不下，无计可施。这时，邓艾向他提出建议：“我们应该避开剑阁，偷越阴平小道，直攻涪城（今四川省绵阳市东），冲入蜀国的心腹。”钟会同意了他的意见。于是，邓艾率军偷越阴平。他们在荒无人烟的山区行走七百多里，一路上披荆斩棘，遇水架桥，遇山凿山，非常艰苦。一次，他们攀上一座高山，看到的却是悬崖峭壁，根本没有下山的路。邓艾观察了一番，便用数层毛毯把自己裹起来，翻滚而下。将士们见状，非常感动，便不顾生命危险，攀着树木，沿着悬崖峭壁，从山上下来。他们克服了重重困难，终于通过了阴平。

偷越阴平后，邓艾率军直奔江油（今四川省江油县），江油守将马邈开城投降。邓艾接着攻下涪城，进军成都，蜀国朝野一片混乱，懦弱无能的蜀后主刘禅决定投降。他一面派太仆蒋显带着诏书，命姜维就近向钟会投降；一面派尚书郎李虎，把全国户籍档案，送给邓艾。这时蜀国有户口二十八万，人口九十四万，武装部队十万二千，政府官吏四万。

邓艾占领成都后，自恃功高，专断独行，上疏司马昭要乘胜攻吴。对邓艾的自作主张，司马昭很不高兴，他让监军卫瓘转告邓艾："任何事情都应该先行呈报，不可擅作主张，想到就做。"邓艾仍不罢休，继续上疏请战。这样一来，司马昭便猜疑他有不忠之心。

钟会嫉妒邓艾的功劳，便借机告邓艾要谋反。司马昭下令逮捕邓艾，押回洛阳。邓艾虽然骄傲专横，其实并无谋反之意。在他被捕时，仰天而叹："我邓艾是个忠臣，想不到竟落得如此下场。"邓艾成为囚犯后，钟会没有了后顾之忧，野心暴露出来。他认为自己功高盖世，又有一些勇猛的将士，谋反必能成功，于是，与姜维密议起兵。景元五年（264年）正月十六日，钟会召集全体高级将领，宣称："接到郭太后遗诏，命钟会起兵废黜司马昭。"不料部下不肯作乱，反将钟会、姜维杀死。邓艾手下的将士见钟会谋反被杀，立即追赶邓艾的囚车，准备把邓艾接返成都。卫瓘得到消息，因为自己曾和钟会一起谋害邓艾，害怕邓艾返回成都报复他，于是派护军田续等连夜追击邓艾。在绵竹西郊将邓艾、邓忠父子杀死。

灭了蜀国，又除掉了颇有野心的钟会之流，司马氏集团的势力更加强大，威望也进一步提高。以曹奂为首的曹氏势力更加孤单，已经不可能造成多少威胁。于是，争取知识分子的头面人物，那些所谓的名士，便成为司马昭的一件大事。

政归晋武帝

名士们一向依附于曹氏，反对司马氏集团。自从司马氏集团掌握了曹魏的实权后，许多名士仍然采取一种不合作态度，他们由于怕遭杀身之祸，不敢直接反抗。于是，轻蔑礼法、纵酒放达、玩世不恭，企图逃避现实斗争，被称为“竹林七贤”的阮籍、嵇康、山涛、王戎、刘伶、阮咸、向秀即为其代表。在司马昭的分化瓦解和威胁利诱之下，七贤中的阮籍、山涛、向秀等人投靠了司马昭，只有嵇康因与曹魏的宗室联姻，不肯屈从于他。

阮籍在司马懿父子执政期间，做过从事中郎、散骑常侍等官，表面上与司马氏集团的关系还不错，但实际上，他对司马氏的专权不满，又不敢公开反对，只好不声不响，有时借酒浇愁，发泄自己的愤懑。一次，司马昭派人到阮籍的家中说亲，让阮籍的女儿嫁给他儿子司马炎，阮籍不同意，却不敢说，只得喝得酩酊大醉，一连六十多天不省人事，那个来说亲的人只好回去交差作罢。但这种办法却不能永远使用。景元二年（261年），曹奂再次封司马昭为晋公、相国，司马昭不接受，于是其亲信纷纷劝进，他们找阮籍写劝进表，阮籍不能再用老办法了，只好写了一道，这反映了他政治上的软弱。因他没有公开反对司马氏集团，所以未遭杀身之祸。

司马昭辅政以后，阮籍从容对司马昭说："我生平曾经到过东平游历，喜欢那里的风土人情。"当时高贵乡公把阮籍任命为散骑常侍，那是皇帝的侍从亲信，阮籍不敢与皇帝走得太近，而司马昭也不愿意看到阮籍被皇帝收买，当然很爽快地就任命阮籍为东平相。阮籍骑着小毛驴，来到东平衙门，他做的第一件事情就是把衙门周围的墙都给拆了，让里面和外面相互都能够看见，并且，治理当地的法令很简明扼要。在东平待了十来天，他又乘驴归来，被司马昭引为大将军从事中郎，经常跟随司马昭左右。执法机关汇报一个杀害母亲的案件，阮籍说："哎！如果是杀害父亲还说得过去，竟然把自己的母亲也杀了啊！"同座的人都以为阮籍说错话了，司马昭也问道："杀害父亲，是天下最大的恶行，你认为可以吗？"阮籍回答："禽兽只知道母亲而不认识父亲，杀害父亲，那是像禽兽一类的行为。而杀害母亲，那就连禽兽都不如。"阮籍这样一说，大家才心悦诚服。

阮籍与人说话都是"发言玄远"，从来不评价一个人的好坏、是非，但是，他的内心是苦闷的，他不拘礼教的行为，却一再宣泄着内心的孤独和痛苦。自己步兵校尉军营里，有一个士兵的女儿长得既聪明又美丽，还没嫁人就死了，阮籍也不认识这个女孩的父亲、兄弟，直接就到人家家里，哭着为人送葬，哭完就离去了；邻居家一个美丽的少妇卖酒，阮籍曾经喝醉了，就睡在少妇的旁边，阮籍自己不避嫌，少妇的丈夫见到了也不以为不正常；他经常随着性子独自驾车，不管有没有道路，随便前行，等到走得没有路了，在人迹罕至的地方，总是大哭一场，才驾车回来。阮籍曾经来到荥阳，登临汉高祖刘邦和项羽交战的地方，叹息道："当时没有英雄，才使这些小子们成名！"他还曾经登上虎牢山，望着洛阳叹息，写下了一首《豪杰诗》，有人认为该诗已不存，有人认为他的咏怀诗第39首就是存疑。

打败了诸葛诞以后，曹髦要加司马昭以九锡，经过反复推让，直到曹奂上台以后的景元四年（263年）十月，司马昭才接受了九锡。而为了配合司马昭的推让，公卿大臣们要劝说司马昭接受，即所谓的“劝进”，而司马昭的爪牙却让阮籍来写这篇《劝进表》，如果写了《劝进表》，就等于阮籍支持了司马昭篡位。这当然与阮籍的思想格格不入，但是不写又不行，阮籍大概又想到了以酒醉推托，《世说新语》记载，司空郑冲派信使到阮籍那里，而阮籍在袁孝尼家，晚上喝醉酒还没醒。人们把他扶起来后，他提笔就写，丝毫不做修改就给了信使。当时人们认为他是神笔。他写的语言优美，被当时人们所称道。

可是，又有谁知道写完《劝进表》的阮籍，内心是何等的痛苦！

阮籍的这篇《劝进表》，引起了后世不少人的非议。叶适说：“今《文选》载蒋济‘劝进表’一篇，乃籍所作。籍忍至此，亦何所不可为。籍著论鄙世俗之士，以为犹虱处乎裈中。籍委身于司马氏，独非裈中乎？观康尚不屈乎钟会，肯卖魏而附晋乎？世俗但以迹之近似者取之，概以为‘嵇阮’，我每为之太息也。”（《石林诗话》）

仅仅过去两个月的景元四年（263年）冬天，作为一代风流名士的阮籍，终于在彷徨和苦闷中离开了这个丑恶的世界，终年54岁。

山涛在两种势力之间移动，把官位看得比较重。司马昭投其所好，景元二年（261年）任命他为吏部郎。晋时继续做官，保全禄位以终。

只有嵇康公开反对司马氏的专权。嵇康因与魏国宗室谯王曹林的女儿结婚，成为曹家的女婿，对司马氏集团的专权极为不满，对司马氏集团的官员表现出极端的轻蔑。一次，司马昭集团的官员钟会听说嵇康文才出众，前去拜访。当他骑着肥马赶到嵇康家中时，看见嵇康正在打铁。他装出一副高贵的样子，等着嵇康前去迎接。不想，嵇康只是低头打铁，连瞧都不瞧他。钟会非常恼火，正打算走，嵇康忽然开口问道："何所闻而来，何所见而去？"钟会愤愤地回答说："闻所闻而来，见所见而去。"从此，对嵇康怀恨在心。他还向司马昭进谗言："嵇康好比一条卧龙，千万不能放过他。"

他们寻找一切机会对付嵇康。景元二年（261年）山涛被任命为吏部郎，他举荐嵇康代替自己的职务，结果被嵇康拒绝，而且写了一篇有名的《与山巨源绝交书》，文中说："人伦有礼，朝廷有法，自惟至熟，有必不堪者七，甚不可者二。""必不堪者七"是表示蔑视虚伪礼教，"甚不可者二"更是公然对抗朝廷法制。所谓"每非汤武而薄周孔"正是揭穿司马氏争夺政权的阴谋。司马昭知道此事后，起了除掉嵇康的念头。于是，由钟会出面，诬告嵇康曾经打算帮助毌丘俭谋反，而且言论放荡、败坏名声。司马昭遂将嵇康押到洛阳东市刑场斩首。反对司马氏集团的名士也不存在了。

司马昭在平蜀和争取了名士的支持后，篡位的条件已经成熟，便于景元五年（264年）三月，以皇帝名义给自己晋爵为晋王。当了晋王以后，自然就要立世子，也就是法定的王位继承人。按照常规，应当立长子司马炎，但司马昭却特别喜欢次子司马攸。司马攸为人孝顺，多才多艺，平易近人，名望超过司马炎。因而，司马昭想立他为太子，并且经常公开地对大臣说："我死之后，大业应当归于攸。"司马炎当然不愿意。这位长子有一副奇特的相貌，头发长得拖到地上，两手垂下来可以过膝。有些人相信他这副相貌，必是大福大贵，便有意投靠他，帮他出谋划策，留心政事得失，商议好对策，以便司马昭问到时，能够对答如流。他们当然竭力反对立司马攸，于是山涛说："废长立少，违背礼制，是不吉利的。"贾充说：“中抚军（司马炎）有为人君的品德，不可改立他人。”何曾、裴秀说：“中抚军众望所归，又有天生异相，不是当人臣的样子。”太尉王祥说：“前代立少子，造成国家混乱。”听了这些劝谏后，司马昭决定还是立司马炎为世子。

司马昭为了尽快代魏称帝，又让魏帝给予特殊待遇，他的王妃称后，世子则称为太子，和皇帝的待遇一样。就在他积极筹措篡位之际，咸熙二年（265年）八月，忽然中风，病情迅速恶化，不久，便一命呜呼了，终于没过上皇帝瘾。司马昭死后，司马炎继为相国、晋王。贾充等人劝他仿效曹丕，代魏称帝。

这年十二月，经过精心准备之后，司马炎仿效曹丕代汉的故事，接受了魏帝曹奂的禅让，封曹奂为陈留王，改国号为晋，魏国遂亡。

司马炎画像

曹奂退位时，年仅20岁，司马炎对他还算宽大，使他安度天年，一直活到56岁，即西晋太安元年（302年）才寿终正寝，追谥为元皇帝。

魏国就这样灭亡了，曹氏父子毕生为之奋斗的事业在一片欢呼声中拱手让给了司马氏。也许是历史开了一个玩笑，曹魏以“禅让”开国，又以“禅让”亡国。曹氏父子的努力没有使其家族千世万代而为君，却为司马氏的短暂统一铺平了道路。

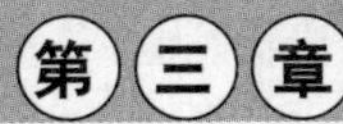

第三章 征战四方 天下统一

司马炎即位之后，面临着严重的内忧外患，为了巩固政权，进而完成吞并东吴、统一全国、解除内忧外患的局面。司马炎对内加强集权，强化统治，对外借刀杀人，巧妙安抚，从而一统天下。

摧枯拉朽

唐朝著名诗人孟浩然在《与诸子登岘山》诗中，对羊祜这位杰出的政治家、军事家进行了热情赞颂：

人事有代谢，往来成古今。
江山留胜迹，我辈复登临。
水落鱼梁浅，天寒梦泽深。
羊公碑尚在，读罢泪沾襟。

晋泰始五年（269年），司马炎策划灭吴，因此选择好的将领，开始进行军事部署。他任命大将军卫瓘、司马伷分镇临淄、下邳，命羊祜为荆州诸军都督、假节，并保留他散骑常侍、卫将军原官不变。荆州是战略要地，晋、吴的边界线以荆州为最长，因此此地经常发生战争。

羊祜刚到襄阳时，军中没有百日之粮的积蓄。羊祜从长远利益着想，没有马上投入兵力与吴人争城掠地，而是组织人力大量垦荒种粮，还在五个形势险要的地方建立城堡，防止吴军袭击，尽可能多地控制上等土地，使晋军的粮食积蓄越来越多，足可支付十年之需。

羊祜对吴人主要采取怀柔策略，尽量争取人心。他从不搞欺诈及袭击行为，即使与吴人交战，也是堂堂正正地与对方约定作战时间，届时才开战。对战俘予以优待，对敌方阵亡者为之殡敛。曾有部将抓到两个儿童，羊祜将他们送回父母身边。后来这两个儿童的父亲带领自己的部众前来归顺了晋军。吴将邓香攻掠夏口（汉水与长江交汇处），被晋军活捉，羊祜没有处死他，反而放他回去。邓香深为感动，也带自己的人投降了。吴将陈尚、潘景在晋地侵扰时被杀，羊祜厚加殡敛，并让其家属来迎丧，还以礼相送。晋军攻入吴境，如果收割了吴人的稻谷作军粮，羊祜也命令按收割量的多少计价，用绢匹偿还。诸如此类的事情使羊祜赢得了吴人的敬重，人们提起他，不说名字，而称“羊公”。

坐镇乐乡（今湖北省江陵县东）的东吴大将陆抗深知羊祜对吴人施以仁德影响的厉害，一再告诫部下：“对方专行仁德，我们专行暴虐，则我军最终会不战自败。今后我们不要为锱铢小利而出兵骚扰，只要保住疆土完整无缺即可。”从此，双方战事大大减少，各不相犯，牛马跑入对方境内，只要向对方打个招呼即可取回；狩猎时，如果发现抓获的动物先被对方打伤，也将它送归对方。羊祜与陆抗之间也彼此不猜疑，陆抗曾送酒给羊祜，羊祜毫不怀疑地喝了起来；陆抗有病，羊祜派人送去上等好药，有人劝陆抗要小心谨慎，别上对方的当，陆抗则说：“羊祜岂是用毒药害人的小人！”吴主孙皓得知两国在荆州相互友好，大为不满，特派人前去责问陆抗。陆抗答复说：“我不这样做，显得我方穷兵黩武，使对方的仁德更加深入人心，于国家有害无益。”

泰始八年（272年）八月，发生了西陵之战，结果大家都知道了，羊祜因此被贬为平南将军，杨肇则被贬为平民。西陵之战失败后，羊祜总结了失败的原因：陆抗在这场战争中发挥了重要的作用，对晋国绝对是个威胁。吴主孙皓虽然荒淫无度，但吴国仍有一定的实力，灭吴之战不可能一蹴而就。因此他一方面对吴国采取军事进攻，另一方面则实行怀柔政策，进行分化，等待恰当的时机。

羊祜此人因为官清廉、正直，疾恶如仇，因此在朝中也得罪了不少人，像荀勖、冯紞等人就忌恨他。羊祜不喜欢他的堂甥王衍，因为他说话言辞华丽，雄辩滔滔。羊祜曾对人说："王夷甫方以盛名处大位，然败俗伤化，必此人也。"还有王戎，西陵之战时，羊祜曾要处斩他，由于有人求情才没有实行。王戎、王衍都把这些记在心里，常常在言语上攻击他。当时有"二王当国，羊公无德"的说法。

晋咸宁二年（276年）十月，晋武帝恢复羊祜之前的职务，任命他为征南大将军。当时吴国有童谣："阿童复阿童，衔刀浮渡江，不畏岸上兽，但畏水中龙。"羊祜听后说："此必水军有功，但当思应其名者耳。"（《晋书·羊祜传》）王浚小字"阿童"，有才能，羊祜认为王浚可担当重任，于是把他选为自己的继承人。

咸宁四年（278年）十一月，羊祜带着未能亲眼目睹吴国灭亡的遗憾，抱病而终。临终前，还向晋武帝面陈伐吴之计，并把尽快伐吴的希望寄托在中书令张华身上，说："你一定要完成我的夙愿啊！"另外，他荐举了同样力主出兵吴国的杜预接任自己的职务，去都督荆州。因此，两年后东吴被平定时，晋武帝感慨地说："此羊太傅之功也。"

打与不打

魏景元三年（262年），蜀国灭亡，打破了三国鼎立的局面。不久，曹魏政权落入司马昭父子之手。过了两年，司马昭病死，其子司马炎废曹奂，自立为帝，改国号为晋，史称西晋。自此形成晋、吴对峙的格局，要不要出兵吴国成为晋不得不首先考虑的问题。

早在三国鼎立之时，魏的势力就远远超过蜀、吴，魏国幅员辽阔，资源丰富，经济发展，人口众多，魏国人口约占全国人口的3/7，蜀、吴总计才占4/7。魏景元三年（262年），蜀国灭亡后，魏的实力就大大增强，而且在军事上的优势更加明显，占领成都之后，魏国可以沿长江顺流而下，直取东吴。司马炎在内部政权得到巩固之后，打算出兵东吴，完成统一大业。

然此时的吴国却是在走下坡路，“逆水行舟不进则退”，吴主孙皓所作所为使东吴自身已经失去了战斗力。他的残暴使大臣们心惊胆战，不知什么时候就会身首异处，哪还有心思抵御外敌。他不听大臣的劝告，大臣们对他丧失了信心，纷纷投降西晋，他也成了孤家寡人。西晋见孙皓如此，自是很高兴，这正是灭吴的大好时机，孙皓的荒淫恰好做了西晋的帮手，加速了自己的灭亡，因此大臣们纷纷劝说司马炎趁机灭掉吴国。

太尉录尚书事贾充是保守派，他不同意司马炎灭吴，他认为：“西有昆夷之患，北有幽并之戍，天下劳扰，年谷不登，兴军致讨，惧非其时”；“又臣老迈，非所克堪”。晋武帝听了很不高兴，他回答说：“君不行，吾便自出。”贾充不得已，只好坐守中军，节度诸军。王浚攻克武昌后，贾充又上表说：“吴未可悉定，况春夏之际，江、淮下湿，疾疫必起，宜召诸军，以为后图。”晋武帝没有听从他的意见。后来晋军果然灭掉了东吴，贾充很惭愧，向司马炎请罪，司马炎也只是“罢节钺、僚佐，仍假鼓吹、麾幢。充与群臣上告成之礼，请有司具其事”。

羊祜、张华、杜预等人则反对贾充的意见，他们是主攻派。他们认为，东吴现在是上下离心，吴主孙皓荒淫无度，统治阶级内部已经出现了严重的分化。孙皓剥削劳动人民，发生大规模的农民起义和士兵暴动，孙皓对他们进行残酷的镇压，吴国的臣民也反对他，动摇了孙吴的统治。如果此时出兵，必会战无不克，如果错过机会，吴主励精图治，再去灭吴就相当不容易了。晋武帝也是这么认为的，而且晋国有能力灭掉东吴。

晋国疆域辽阔，人口众多，控制着全国大部分的领土；东吴却仅有荆、扬、交三州的狭小疆域，两国接壤处常常发生战争。司马炎以消灭孙吴为目标，励精图治，在政治、经济和军事上采取了一系列措施，重点之一就是编练水军。

东吴沿江建国，尤以水军最为强，有舟船五千余艘。西晋灭蜀国之后，已经占据了上游地区，只要有良好的水军，顺江而下，便可取下东吴。而此时西晋拥有一支五十万人的陆军，但是缺少水军，面对长江天险，虽“武骑千群，无所用之”。

羊祜主张利用长江上游的便利条件，在益州大办水军。泰始八年（272年），王浚受命，打造战船，训练水军，治水军数万人。晋军所建造的大型战船，长120步，可容纳两千多人，船上用木头架起了一座城，城中有门在船上可骑马驰骋。王濬增加了造船的人数，加快造船进度，很快就完成了造船任务。王浚建造了一支强大的水军，史称“舟楫之盛，自古未有”，远远超过了东吴。晋军的弱点得以克服，实力大为增强，提高了军事战斗力，为“水陆并进”灭吴创造了条件。

其实司马家族早有灭吴的打算。魏景元三年（262年），司马昭提出了“先定巴蜀，三年之后，因顺流之势，水陆并进”，然后吞并东吴，一统中国。可见司马昭战略眼光之远大。

政治上，司马昭首先巩固中央政权，在蜀国对刘禅及诸葛亮子孙进行优待，以巩固其在巴蜀的统治，解除后顾之忧。针对吴国则实行分化瓦解政策，对主动归乡的人予以优待，收买人心。改善内政，发展经济，巩固边防。调整军事部署，任命尚书左仆射羊祜都督荆州诸军事，镇襄阳；征东大将军卫瓘都督青州诸军事，镇临淄；镇东大将军、东莞王司马伷都督徐州诸军事，镇下邳。

经过几年的伐吴准备，到咸宁二年（276年），晋灭吴的准备已基本完成。征南大将军羊祜提出伐吴方针，具体方案是：从多方牵制徐州、扬州的兵力，然后集中夺取夏口以西地区，进而顺流而下，攻陷建业。这个计划发扬了晋军水军的优势，并利用水系特征，直捣吴军后方，达到了速战速决的目的。

但由于太尉贾充等人的反对，加之北方鲜卑族首领起兵反晋，后方不稳，直到咸宁四年（278年）十一月，羊祜死去，任命杜预为征南大将军、都督荆州诸军事，晋武帝听从了他的意见，发兵二十万人，大举伐吴。

杜预，字元凯，京兆杜陵（今陕西省西安市东南）人，西晋时期著名的政治家、军事家和学者，晋灭吴战争的统帅之一。历官魏尚书郎、河南尹、度支尚书、镇南大将军、当阳县侯，官至司隶校尉。灭吴后，研习经典、博学多闻，被誉为“杜武库”，著有《春秋左氏经传集解》及《春秋释例》等。

孙吴感到晋军的威胁，深知不能完全依靠长江天险，“长江之限，不可久恃”，大臣们向孙皓建议，在政治上“省息百役，罢去苛扰”，发展经济，减轻百姓负担，安抚民情，“养民丰财”；在军事上，加强建平（郡治在今湖北省秭归县）、西陵（今湖北省宜昌市东南西陵峡口）的防守。因为这是晋军顺流而下的必经之地，加强这里的防务就是切断了晋军顺流而下的路径。东吴名将陆抗指出："西陵、建平，国之蕃表（屏障）"，"如其有虞，当倾国争之"（《三国志·吴书·陆抗传》）。根据这个思想，在他担任乐乡都督后，加强了西陵的防务。

一些证据也证明了东吴大臣的远见卓识，晋泰始八年（272年），建平太守吾彦发现有大量碎木从上游顺流而下，他知道这是王濬在巴蜀造战船。于是他上疏孙皓，请求增强建平守备，但是孙皓没有理他。晋泰始十年（274年），陆抗又上疏陈述加强建平、西陵防守的重要性。他说："若其不然。深可忧也。"但就是这样，孙皓仍是不相信晋军会攻打东吴，他只相信长江天险，认为东吴占据地利，晋军很难攻破。所以他也就不会进行积极的战争准备，还是老样子，不修内政，荒淫无度，这样的君主怎能不灭亡呢？

西陵之战

泰始六年（270年）八月，羊祜西陵之战战败，羊祜总结这次战争的失败时说："主要是因为陆抗。"

《三国志》评陆抗："抗贞亮筹干，咸有父风，奕世载美，具体而微，可谓克构者哉！"陆抗，字幼节，吴郡吴县（今江苏省苏州市）人。三国时期吴国名将，名门之后，是陆逊次子，孙策外孙。

"不见襄阳登览，磨灭游人无数，遗恨黯难收。叔子独千载，名与汉江流。"陆游的这句诗是赞美羊祜的。羊祜是西晋开国元勋，文武双全。

一个是吴国名将，另一个是锋芒毕露的西晋开国功臣。各为其主，棋逢敌手的英雄之争，西陵之战便是两个人的第一次正面交锋，西陵之战之后两个人亦有多次交锋。

在晋国攻打东吴之前，已有多名东吴的将领投降了晋国。这一天，孙皓召见昭武将军、西陵督步阐，步阐一家在西陵已经有四十余年。孙皓荒淫无度，嗜杀成性，早已众叛亲离，这几年叛逃的事已经接连不断。孙皓命令步阐离开西陵，步阐害怕孙皓因谗言对自己不利。于是九月，步阐举西陵城投降晋国，并将兄长步协的两个儿子步玑、步璇，送到晋国的首都洛阳当人质。

晋国很是高兴，一方面，晋国早已筹划灭吴大计，不战而屈人之兵，当然最好；另一方面，西陵地理位置非常重要，是东吴的西大门，陆逊曾经说过：一旦西陵有失，吴国将失去整个荆州。西陵地势险要，西陵峡航道曲折，滩多流急，西陵以东则豁然开朗，平野万里；西陵以南是蛮夷之地，屡次叛乱；北面就是荆州，拿下西陵，吴国腹地便暴露无遗。因此晋国对这次吴国的叛乱非常重视。

晋国对步阐、步玑等表面加以重用，任命步阐都督西陵诸军事、卫将军、开府仪同三司、侍中，兼遥领交州牧，封宜都侯。步玑被任命监督江陵军事、左将军、散骑常侍、卢陵太守，后改封江陵侯。其实这些都是虚职，因为当时卢陵、江陵都不在晋国的管辖之下。

步阐叛变，东吴甚是吃惊，还未开战，东吴已居下风。陆抗知道西陵乃兵家必争之地，于是于十月，遣将军左奕、吾彦、蔡贡等部进围西陵，试图夺回此地。晋武帝命荆州刺史杨肇到西陵接应，巴东监军徐胤进攻建平（郡治秭归，今属湖北省）以救援步阐，同时命车骑将军羊祜率步兵五万进攻江陵。

陆抗在赤溪至故市（今湖北省宜昌市）大修城墙，一方面可以围困步阐，另一方面可以抵御晋的援军，此举引来极大不满。手下都不理解陆抗的做法，认为直接在晋援军之前攻下西陵便可。西陵的防御当初均是陆抗亲自设置，他当然知道西陵防御坚固，粮草充足，是不可能很快攻克下的，若晋援军一到，内外受敌，必将大败。但他没有把这些告诉将士，而是让他们尝试攻打西陵，他们果然打不下来，于是全军上下都听从了陆抗的建议。

吴军想请陆抗到江陵去指导与羊祜的战争，当时陆抗坐镇乐乡，打算赴西陵督战。陆抗以为江陵城非常地坚固，防守的将领也很多，不用担心。即使被晋军攻下，长期驻守也十分不易；倒是西陵，地理位置十分重要，如若丢失，晋军不仅可以顺流直下，南方诸夷也会趁机叛乱，如此依赖，东吴必首尾不相顾，后果不堪设想。于是他放弃督战江陵的决定，而是奔赴西陵。

羊祜进攻江陵，由于江陵道路平坦、通畅，羊祜可以很快到达江陵城。陆抗当然知道，为拖延时间，他命江陵督张咸放水淹敌军。羊祜将计就计，陆路不成，便趁机用船运粮草，将士到江陵。陆抗又命张咸把之前建的堰坝毁掉，阻断晋军水上粮道。羊祜不得不改用车运粮，这样就浪费了时间，拖延了行军速度。

十一月，杨肇率军到西陵，巴东监军徐胤的水军抵达建平。陆抗令张咸固守江陵，派公安督孙遵驻扎于长江南岸，以防羊祜军南渡；水军督留虑、镇西将军朱琬阻止晋水军东下；陆抗则率大军在长围与杨肇对峙，随时应战。将军朱乔、都督俞赞变节降晋。为防朱，俞泄露战机，陆抗连夜改变了战略部署。

次日，果然不出陆抗所料，晋军集中兵力攻击原吴兵防守较为薄弱之处，但陆抗早已改变了战略部署，结果晋军大败。十二月，杨肇兵败，趁夜逃跑，陆抗率众追击，但路上遭到步阐的袭击，于是停止追击，只不过继续敲鼓，假装追击。杨肇以为陆抗追来，非常害怕，结果乱了阵脚，丢盔弃甲，陆抗于是派轻兵追之，晋军惨败。羊祜见杨肇兵败，于是撤兵，陆抗随即收复西陵。

西陵城破，陆抗杀步阐及同谋叛变的将吏数十人，夷灭三族。同时，赦免了西陵城被迫叛变的数万人。前面提到步协之子步玑与弟弟步璇去了洛阳，据此应该逃过此劫。

羊祜在西陵之战前并没有把陆抗放在眼里，他只知道此人为人正直，有一定头脑，略懂军事。经过西陵之战，陆抗卓越的军事才能得以充分显示。陆抗建坝这个计策很是高明，你来进犯，我自然可以用水淹你，但是这是个很庞大的工程，羊祜肯定会发现，发现了他也就明白了建筑此坝的目的，毕竟羊祜不是傻子。但这个计策还有第二个意思，因为此路是晋军必经之路，此计不仅可以淹死晋军，也可以淹没道路，大坝毁坏，大水淹没道路，道路就变得泥泞不堪，你要运兵、运粮食，就不会那么简单了。这样一来，势必会拖延时间，这就是陆抗想要的效果。

其实羊祜是知道的，但是既然要救援，就必须走这条路。

这是陆抗与羊祜之间的第一次交锋，此役，陆抗无疑是最大的赢家。他指挥若定，先打破晋军分进合击之势，用小股兵力牵制晋军主力，集中优势兵力攻打西陵，终于击败晋军，收复西陵。陆抗虽立大功，却“貌无矜色，谦冲如常，故得将士欢心”（《三国志·吴书·陆抗传》）。

羊祜则遭到了晋武帝的弹劾。有司上奏说：“祜，行统八万余人，贼众不过三万。羊祜顿兵江陵，使贼备得设。乃遣杨肇偏军入险，兵少粮悬，军人挫衄。背违诏命，无大臣节。可免官，以侯就第。”（《晋书·

羊祜传》）羊祜以八万之众不敌陆抗的三万人，是无法解释的。

之后，羊祜与陆抗又有几次交锋，其中不乏心理战。

借刀杀人

杜预（222—285年），字元凯，京兆杜陵（今陕西省西安市东南）人，西晋时期著名的政治家和学者，灭吴统一战争的统帅之一。

杜预出身在曹魏政府的高级官僚家庭。祖父杜畿有大功于曹操，曾先后出任护羌校尉、河东太守、司隶校尉和尚书仆射等职，受封为丰乐亭侯。父亲杜恕官至幽州刺史，并以建武将军领护乌丸校慰的职务。

杜预虽然生长在官宦人家，但不是那种只知享乐的纨绔子弟。他从小博览群书，勤于著述，对经济、政治、历法、法律、数学、史学和工程等学科都有研究。当时的人曾给他起个“杜武库”的绰号，称赞他博学多通，就像武器库一样，无所不有。他特别爱读《左传》，自称有《左传》癖。

在杜预的青少年时期，曹魏政府的内部逐渐形成互相对立的两大政治集团——曹氏集团和司马氏集团，杜预的父亲杜恕是忠于曹魏政府的人。早在太和六年（232年），杜恕曾上疏提醒魏明帝注意司马懿连朋结党的动向。杜恕因此触犯司马懿，屡遭排挤，被出为外任。嘉平元年（249年），司马懿发动高平陵之变，彻底击溃以曹爽为首的曹氏集团，完全掌握了曹魏政府的实际权力。当年，征北将军程喜秉承司马懿的意旨，劾奏杜恕，几乎将他置于死地。受到父亲的牵连，杜预一直到三十多岁也未能出仕。

司马懿、司马师父子相继病死后，正元二年（255年），司马昭接替父兄职务执政。这时，统治阶级内部力量的对比已发生根本变化，有政治军事实力的曹氏余党陆续被剪除干净，司马氏代魏只是个时间问题。司马昭为扩大统治基础，对某些政敌的子弟进行笼络收买。司马昭素闻杜预的才能，极力争取他，亲自把妹妹嫁与杜预为妻。又在甘露二年（257年）恢复了杜预袭爵的权利，征辟为尚书郎。司马昭任相国后，杜预改任为参相府军事。

景元四年（263年）五月，魏军兵分三路大举伐蜀，杜预被委任为主力军统帅钟会的镇西将军府长史。魏军攻灭蜀国，钟会联合蜀将姜维谋反，准备杀害同来的魏军将领，以割据益州。次年正月，钟会在实施计划时，被乱兵杀死。魏军监军卫瓘又趁机杀死了解这一阴谋的邓艾。在这场变乱中，钟会的许多僚属丧生，杜预凭借智慧幸免于难。事后，他冒着被卫瓘构陷的危险，当众对卫瓘杀人灭口的卑鄙行径进行指责，认为卫瓘对这场动乱也是有责任的。

羊祜死后，朝中为是否出兵伐吴争论不休。以太尉贾充、秘书监荀勖为首的一些人反对伐吴，认为晋军暂时没有足够强的力量吞并吴国。以中书令张华、都督荆州诸军事杜预及龙骧将军王浚等为首的一些大臣则力主迅速攻吴。

晋武帝因为反对派的说辞，总是举棋不定，拿不定主意。杜预见司马炎犹豫不决，非常着急，于是再次上疏，陈述伐吴之利害。他说，吴国的兵力部署捉襟见肘，他们只能集中兵力保住夏口以东，如果西线有战事，他们都无力增援。杜预还婉转地批评晋武帝犹豫不决，屡次推迟灭吴大计，是在姑息养奸，养虎为患，给敌人喘息的机会。他认为，晋国强大，孙吴弱小，伐吴即使没有成功，也不会有什么大的损失。

杜预一而再再而三地劝说，晋武帝仍是犹豫不决，可见司马炎在伐吴一事上有多么纠结。杜预见司马炎还不给予答复，干脆再次上疏，这已经是第三次了。这一次他愤怒地批评了反对派，认为他们以小人之心度君子之腹，是不顾国家利益的做法。杜预还说，我们要攻打东吴的消息已经被他们知道了，东吴肯定会采取对策，如果等到他们一切准备就绪，那么岂不白白增添了我们伐吴的困难。

晋咸宁五年（279年），王浚上疏请求伐吴，他说："臣数参访吴楚同异，孙皓荒淫凶逆，荆扬贤愚无不嗟怨。且观时运，宜速征伐。若今不伐，天变难预。孙皓猝死，更立贤主，文武各得其所，则强敌也。臣作船七年，日有朽败，又臣年已七十，死亡无日。三者一乖，则难图也，诚愿陛下无失事机。"《晋书·王浚传》。

当时，司马炎正在与张华下棋。张华也是主战派，他也趁机劝说："陛下圣明神武，朝野清晏，国富兵强，号令如一，吴主荒淫骄虐，诛杀贤能，当今讨之，可不劳而定。"（《晋书·杜预传》）但是反对派还是固执己见，贾充、荀勖等人还是反对伐吴。大臣山涛竟然说出了这样的道理："外宁必有内忧，今释吴为外惧，岂非算乎。"但是由于主战派的屡次劝说，陈述利害，此时司马炎已经看清了当时的局势，决定伐吴。

晋灭吴一战中，杜预担任西线指挥，他智取江陵，为西晋的统一做出了卓越的贡献。其实这位驰骋沙场的人物，不善骑射，几乎不懂武艺。"身不跨马，射不穿札"，但是他喜欢读书，尤其推崇《左传》。

羊祜在临终前，给晋武帝举荐了一个人，他认为此人完全可以担此重任，这个人就是杜预。羊祜举荐杜预是有原因的，一方面是因为杜预是主战派，在羊祜生前杜预始终站在羊祜一边；另一方面则是因为杜预本人有这个能力接替自己，担当此任。杜预有卓越的军事才能，相信在以后的灭吴战争中能够大胜而归。晋武帝于是任命杜预接替羊祜为镇南大将军，南下荆州首府襄阳积极备战。

杜预是位文官，对军事、政治、天文、地理等各种学问都有很深的造诣，还修改过历法、注解过《晋律》。他当度支尚书管理财政时，提出五十多条措施，都被采纳实施并且成效卓著。

都城洛阳的东北几十里有黄河孟津渡口，水流湍急。历代王朝都想在这里建桥，但因为施工困难而不敢动工。但杜预精心设计施工，用“连舟为浮桥”的办法终于把桥造了起来，极大地方便了交通。杜预还制造过一些机械工具，像一牛拉几个磨的“连磨”、一部水车带动多部舂米机的“连机碓”。

杜预虽没有武艺，但聪明过人。在晋灭吴的战争中，杜预巧施借刀杀人之计，除掉自己的劲敌张政，伐吴之战变得容易多了。

杜预虽是个文士，但打仗却狠。接替羊祜一上任就先给吴军一个下马威，他派遣一队奇兵偷袭金陵。东吴名将张政猝不及防，没想到这个文绉绉的杜预下手这么利索，一战就吃了败仗，大批吴军被俘。

张政刚上任就打了败仗，如果让孙皓知道了肯定会惩罚他，所以他没有如实禀报。杜预早知孙皓生性多疑，对臣下很不信任，于是他利用这一点，故意把抓到的几个俘虏送到吴国的首都建业。孙皓见了很生气，召回张政，任命武昌监刘宪接替他的职务，孙皓果然中计。杜预巧妙地利用孙皓的多疑，故弄玄虚，借孙皓之手除掉张政，不战而屈人之兵。在大战之前，更换主帅，这就为晋军的胜利创造了有利的条件。

天下归一

魏灭蜀汉的第二年（264年）七月，吴主孙休得急病而死。吴国外有曹魏军队的威胁，内有交趾（今两广、越南北部）一带的反叛，国人无不期待一个英明之主即位，以振国威。左典军万或曾在乌程（今浙江省吴兴南）当过县令，与孙权之孙、乌程侯孙皓非常要好，他在丞相濮阳兴、左将军张布面前盛称孙皓之贤明英武，可堪大任，因而在濮阳兴等人的主持下，23岁的孙皓继位登基了。

孙皓即位不久，国人就大失所望。他性情残暴，又好酒色，非但不能振兴吴国，而且加速了东吴的分崩离析。濮阳兴后悔选择了这样一位君主，但悔之晚矣，他与张布不久便死在孙皓的屠刀下。

为了灭蜀，曹魏投入了大量人力、物力。当蜀汉灭亡后，魏国需要重新积蓄力量，一时还难以迅速灭吴，这使得东吴有了暂时偏安一隅的机会，暴君孙皓也能肆无忌惮地继续自己的统治。

封建社会逃不过治乱兴废的历史规律，乱世出英雄，开国多名君，治世多能臣，同时末世也多昏君。大多每一个朝代的灭亡都离不开一个“及万恶于一身”的末代君主，他们是这个朝代灭亡的催化剂，起了加速的作用，但即使没有他们历史的车轮也会前进，治乱兴废的历史规律也会运行。

三国时期的吴国末代皇帝孙皓，荒淫无度，嗜杀成性，集万恶于一身。他的变态型人格，令吴国上下提心吊胆，人心涣散，加速了吴国的灭亡。

晋武帝由此最后下定了尽快伐吴的决心，他任命张华为度支尚书，为诸路大军筹措并运送粮草军资。晋武帝又任命贾充为大都督，督统伐吴各路人马。贾充认为伐吴为时尚早，怕出师不利，不愿受命，并以自己年岁太高相辞。而晋武帝非让他出征不可，说："你要是不肯受命，我就得亲征了。"贾充没办法，只好硬着头皮出征，屯驻襄阳，节度各路人马。

咸宁五年（279年）十一月，晋朝发兵二十万，分六路大举攻吴。这六路的布置是：镇军将军琅邪王司马伷趋涂中（今安徽省滁州市东南），安东将军王浑趋江西（今长江下游北岸淮水以南），建威将军王戎趋武昌（今湖北省鄂城），平南将军胡奋趋夏口（今湖北省武汉市），镇南大将军杜预趋江陵（今湖北省江陵县），龙骧将军王戎、日东监军唐彬率水军自巴、蜀顺长江而下。

诸路人马中，王戎、唐彬所率水军是主力，咸宁六年（280年）正月，他们从成都出发，直捣丹杨（今湖北省秭归县东南）。

二月，王戎挥师连陷西陵、夷道（今湖北省宜都市西北）诸城，斩杀东吴将士众多，吴镇南将军留宪、征南将军成璩、宜都太守虞忠、监军陆晏均成了俘虏。吴平西将军施洪等眼看抵抗不住晋军攻势，也缴械投降。

当王戎进攻乐乡时，杜预率领的大军也已逼近江陵。杜预先遣精兵八百人趁夜色悄悄渡过长江，在巴山（今湖北省松滋市北）燃起一堆堆大火，并虚张声势，在那一带插上许多旗帜，像已有千军万马占据了江防要地。吴人非常纳闷，感叹说："晋军简直是飞过长江的，让人不知不觉就占领了我们的要害之地。"吴军由此惶恐不安，斗志大大削弱。杜预又命牙门将周旨等率军埋伏在乐乡城外。乐乡城中的吴都督孙歆出战王戎，遭到失败。当他率败兵逃回乐乡时，周旨也带伏兵装扮成吴军士兵，尾随入城。然后在孙歆毫无防备的情况下，将其活捉，悄悄押回杜预营中。晋军将士对杜预的谋略都很赞赏，称他“以计代战一当万”。

驻守江陵的吴督将伍延在晋军大兵压境的形势下，假装请降，却把精兵埋伏在城上的矮墙后，准备等晋军入城时，发动突然袭击，以便以少量兵力趁乱取胜。但杜预识破了他的计谋，没有受降，发兵猛攻，很快夺下了江陵城。由于杜预足智多谋，吴人对他既怕又恨，因而在江陵城内外长有结块的大树上，削去部分树皮，题上“杜预颈”三个字，又在狗脖子上系着剖开的葫芦瓢。原来杜预脖子上长了一个较大的肉瘤，吴人借此侮辱杜预。江陵城攻破之后，杜预把所有参与这种事的人处死，以泄心头之愤。其中被冤枉而死的人有不少，在这件事上，他是干得过于残忍了。

晋武帝在频频得到捷报后，再次下诏，命令：“王戎、唐彬继续顺流东下，与已经攻克江安的胡奋及逼近武昌的王戎会师，共同攻克夏口、武昌，然后直扑吴都建业；杜预则挥师南下，平定荆州以南的各州郡；大都督贾充应从襄阳移屯项县（今河南省沈丘县）。”

这样，王戎、唐彬在得到杜预补充的一万七千名士兵后，又与胡奋联兵，攻破夏口，尔后带着胡奋补充给他们的七千名士兵，在王戎部将罗尚、刘乔的配合下，攻克武昌，吴江夏太守刘朗等投降。过了武昌，唐彬又得到王戎补充的六千名士兵，这样，王戎、唐彬率领的水师总人数多达八万人，战船满江，兵甲耀目，气势极盛。

王戎、王浑、司马伷各自率领的军队离建业越来越近，一向不以国事为重的荒淫皇帝孙皓这才惊慌失措。他命丞相张悌、督统丹杨太守沈莹、副军师诸葛靓率吴军主力三万人前去迎战。这支队伍到达牛渚（今安徽省当涂县西北）长江边，沈莹提议驻扎于此，他说："晋军在蜀地训练水师，准备船只已有多年，而我们长江沿线各要镇长期没有戒备，加之过去独当一面的名将现在均已故去，必定阻挡不住晋军的进攻。晋军水师迟早会到达牛渚，我们借这里的险要地势与之决一死战，若取得胜利，则长江西岸的晋军都会被镇住，那样的话，还可能趁势夺回长江中上游的控制权。我们如果不守住这里，而是直接渡江西行，一旦失败，国家的覆亡就不可避免了。"张悌不同意他的看法，感慨地说："东吴将亡国，这是老少皆知的事情。我们守住牛渚，一旦晋军到来，我军早已丧失了斗志，根本无法与之抗争。现在只有渡过长江，去与对方进行决战，败了，我们同赴国难而死，值得；胜了，可赶走江北晋军，并趁势回师攻晋军水师，必将打败他们。"于是，张悌率军渡江，先围王浑部将张乔于杨荷桥，继而与晋将张翰、周浚对阵。吴军最初取得小胜，但随后在冲击对方军阵时失利，一处战败引起各部人马依次崩溃，将帅制止不住，加之张乔在后面夹击，吴军最后大败于板桥。当时，诸葛靓率五六百人向外突围，他特意去迎张悌，但张悌不肯离去，坚持要以身殉国。诸葛靓没办法，挥泪而去。才走百余步，他再回头时，张悌已被乱军杀死。

王浑力克三万吴军，兵势极盛，扬州别驾何恽劝他乘胜跨过长江，直捣建业。但王浑却信心不足，不肯奋兵独进，而按兵停留在江北，坐等王戎的到来。这时，晋武帝又下一道诏令，让王戎到达建业附近后要受王浑的节度。但这道诏令尚未传递到王戎手中，王戎的军队便已到达了三山（今江苏省南京市板桥镇附近）。王浑派人与王戎联系，让他到江北与自己共商攻城之计，而王戎不予理会，他对来人说："船队现在顺风顺水，不能停住，正应直趋建业。"

王戎率领的八万水师浩浩荡荡直逼吴都，方舟绵延八里，旌旗满江，威势甚盛。吴主孙皓急遣游击将军张象率水军一万余人前去迎敌。但一向惯于水战的东吴水师这时却已军心涣散，节节胜利、步步进逼的晋军的强大攻势，早已使东吴兵卒魂飞天外。张象深知在这种情势下要与晋军抗衡是不会有好结果的，于是，未作任何抵抗，便率军向王戎缴械投降了。这样，建业城外没有了足可抵抗一阵的吴军，建业城门实际上也就向晋军打开，只等王戎等人城了。

孙皓眼看实在无兵可用，只好接受大臣薛莹、胡冲等人的意见，分别遣使到王戎、王浑、司马伷军中，表示投降。

吴国灭亡之后，晋武帝改元太康。他赐给被押送到洛阳的孙皓一个带有欺辱性的爵号——归命侯。又召集文武百官及周边各族各邦使者，举行盛大朝会，连国子监的学生也参加了这一盛会。吴主孙皓当着这么多人的面，被迫前来拜见晋武帝。尽管成了亡国之君，孙皓仍表现出不肯屈服的样子。晋武帝说："我安排好这个座位等待你来拜见已经很久了。"孙皓答道："臣在江南也设了这样一个座位等待陛下去朝拜呢！"贾充曾一再反对迅速攻吴，当他又一次将主张班师、停止攻吴的奏章派人送达朝廷时，王戎夺得建业、俘虏孙皓的捷报也同时到京。贾充为此而深感惭愧，不得不回京请罪。晋武帝因他是开国元勋，仍让他担任太尉。此时，面对俯首称臣的孙皓，贾充也想当众表现一下，揭揭孙皓之短。他问："听说你在南方凿人的眼睛，剥人的面皮，这是对什么人用的刑？"孙皓反唇相讥："臣子对君主不忠，甚至谋杀君主，就要受这种刑罚！"贾充听后哑口无言。原来昔日司马昭试图篡魏称帝时，贾充曾亲自下令刺死魏帝曹髦，犯有杀君之罪。他最不愿别人提起此事，而孙皓偏要当众出他的丑，使之十分难堪。

孙皓在洛阳再也不能摆帝王威风了，他受到屈辱，精神痛苦不堪，被俘至洛阳的当年十二月，便一命呜呼了。这个残忍荒淫、祸国殃民的暴君，最终得到了他应有的结局。

晋灭吴之战是中国战争史上的一次大规模渡江战役。此役水陆俱进、多路并发、顺流直下，各个击破，一举消灭东吴。西晋统一全国，结束了自东汉末年几十年的分裂割据局面。在这场战争中，西晋准备充分，水陆并进，战略指挥得当，多路齐发，最后取得了胜利。王戎率的水军在这场战争中起了十分重要的作用。长江先后阻截过曹操、曹丕。王戎率领的水军从巴蜀沿江东下，克服长江天险，大败强大的吴国水军，足见晋国已经拥有了一支强大的水军，比起东吴有过之而无不及，然后又不失时机地配合步兵发起总攻，终于灭掉了吴国。

第四章 发展经济　革新律令

晋武帝即位后，常年的征战，造成国库空虚，经济衰退。太康元年，司马炎在平吴之后，颁布占田课田制，并且对既存律令进行大规模的改造，去其繁苛，存其清约。终使牛马遍野，余粮委田，国泰民安。

占田兴农

太康元年（280年）司马炎在平吴之后，颁布占田课田制。占田课田制是从曹魏的屯田制演化而来的。曹魏的屯田，有用士兵的兵屯，有用屯田客的民屯。屯田客除交屯田租外，不负担其他课役。军士或士家既要作战，在分休时又得屯田。初期屯田，解决了流民与荒地的问题，安定了社会，缓和了阶级矛盾，具有积极意义。但是由于租役繁重，屯田客时有逃亡，为了缓解屯田客的反抗逃亡，整齐划一编户和屯民的赋役负担，因而用“以均政役”的名义，罢去农官，将其管地一律改为州县，制定出共同的租调交纳数量，从而屯田也转变发展为占田课田了。魏末咸熙元年（264年），司马昭掌握大权时，“罢屯田官，以均政役。诸典农皆为太守，都尉皆为令长。”典农即指典表中郎将、典农校尉，他们都改为太守，都尉即典农都尉，都改为县令或县长，不言而喻，他们治下的典农部民、屯田客等也就成了属于州县的编户了。这一变革，不是一次完成的。泰始二年（266年），司马炎又下令：“罢农官为郡县。”（《晋书·武帝本纪》）经过这样的改变，直到平吴全国统一后，才颁布占田课田和户调式的。所以，屯田制转变为占田课田制，是在缓和当时阶级矛盾，整齐赋役征收办法的要求下，不得不改弦更张的措施。

另外，西晋实行占田课田制，还由于存在许多荒地和逃亡隐匿的人口。经过屯田，农业虽然取得恢复和发展的较好成果，但荒地与隐逃人口的问题依然存在。如要进一步发展农业生产，安定社会，巩固政权，就必须解决荒地和隐逃户的问题，把劳动力编制到土地上。如泰始四年（268年），司马炎下诏，要郡国守相，巡行属县，“敦喻五教，劝务农功”。次年，又“申戒郡国计吏，守相令长，务尽地利，禁游食商贩”（《晋书·武帝本纪》）。同年又曾下诏说：“朕唯人食之急，……夙夜警戒，念在于农。虽诏书屡下，敕厉殷勤，犹恐百姓废惰，以捐生植之功。而敕史2000石，百里长吏，未能尽勤，至使地有遗利，而人有余力。”就在汲郡一郡，王宏为太守时，“督劝垦荒5000余顷”（《晋书·王宏传》）羊祜镇襄阳，“垦田800余顷”（《资治通签·晋纪》）可见晋初荒地之多。劳动力也是晋初一个严重问题，当太康平吴，统一南北之时，全国户数只有245万多户，相当于两汉1000多万户的四分之一。户数这样少，也是荒地多的一种表现，同时更表明劳动力游离于土地之外，因此当时的傅咸说：“今之不农，不可胜计。”西晋统治者为了稳定政权，增加赋税收入，就不得不设法垦荒，争取到更多的劳动人手固着于土地上，使劳动力与土地相结合，恢复和发展农业，达到稳定政权的目的。

由于曹魏以来大土地私有制的继续发展，豪势之家占田无限，因而在占田法令中规定按品位高低占田，企图限制占田太多的情况，当然，官品越高占田越多，而且超过规定广占田地者很多。占田制想使地主阶级内部对田地的瓜分维持在一定比例上，以缓和其内部矛盾，但实际上收效不大。

太康元年（280年）颁布占田制的内容是：一为诸侯的刍藁田：“国王公侯，京城得有一宅之处，近郊田，大国田十五顷，次国十顷，小国七顷。”二为编户百姓的占田课田，规定为：“男子一人占田七十亩，女子三十亩。其外，丁男课田五十亩，丁女二十亩；次丁男半之，女则不课。”三为官吏的按品占田，规定为：“其官品第一至于第九，各以贵赋占田。品第一者占五十顷，第二品四十五顷，第三品四十顷，……”在颁布占田课田制的同时，颁行了户调式这一剥削制度。据同书所载：“又制户调之式，丁男之户，岁输绢三匹，绵三斤，女及次丁男为户者半输。……男女负担户调的年龄为：男女年十六岁以上至六十岁为正丁；十五岁以下至十三岁、六十一岁以上至六十五岁为次丁；十二岁以下、六十六岁以上为老小，不事。”

司马炎在施行占田课田制时，对豪门世族的占田制也进行了规定。即按官品的高低占田并按品级荫有人户和占有佃客。佃客实际上就是附着于贵族官僚的占、田土从事生活劳动的农奴。因此，土地不是佃客的占有物，恰恰相反，佃客却是土地的附着物。

发展经济

西晋官吏不仅按品级占田和占有佃客，而且还有菜田或厨田。据《晋书·职官志》记载：太宰、太保等诸公和位为从公官品第一的，“给菜田十顷，田驺十人”；特进等品秩第二的，“给菜田八顷，田驺八人”；光禄大夫、尚书令等“给菜田六顷，田驺六人”。如陈骞为大司马，司马炎曾予“厨田十顷，周园五十亩，厨士十人”。菜田和田驺、厨田和厨士是有一定比例的，田一顷驺一人，田驺、厨士和佃客一样，也是世族豪强的农奴。

官吏按品第占田及受赐菜田，都是合法的占有田地。此外，还有豪门大族非法兼并掠夺农民的土地。如石崇有“水碓三十余区，苍头八百余人，他珍宝货贿称是”；王戎“性好兴利，广收八方园田水碓，周遍天下，积实聚钱，不知纪极”；幽州刺史王浚及其部下将士，“并广占山泽，引水灌田，渍陷冢墓”；豪门大姓不仅侵夺民田，而且侵占官田，如裴秀占官稻田，“立进令刘友、前尚书山涛、中山王睦、故尚书仆射武陔，更占官三更稻田”。李熹提出弹劾时，司马炎下诏只处罚了刘友这个小县令，至于山涛、司马睦等，认为他们不会重犯已往的过错一概不究。司马炎作为世族豪门的代言人，尽量维护大贵族、大官僚的利益，放任他们兼并土地，因而西晋时的大土地占有制日益发展。

贵族官僚既然广占田地，就必须拥有大量不同称谓的农奴，如荫户、佃客、苍头、衣食客等成为其劳动力。司马炎虽也曾明令禁止，但只是徒行文书，难收实效。

部曲，是军事编制的形式，凡是部下的士兵，一般都可以泛称部曲。以后又发展到贵族豪门家的家兵家将，即且耕且战的私属，都可称为部曲。部队可称部曲，私家武装也可以称为部曲。

西晋初年，羊祜镇守襄阳时，吴将邓香“率部曲而降”，这是官家部曲；张光“少为郡吏，家世有部曲”，这是私家部曲。

羊祜画像

贵族豪门大量占有田地，拥有大量的佃客、部曲等，使得西晋的大土地占有制日益发展，世族豪强的经济力量日益强大，封建割据势力也随之日益增长。司马炎所建立的西晋之所以很快覆灭，形成四分五裂的局面，固然有政治上的原因，而世家豪族广占田地和佃客、部曲，地方经济势力日益强大，也是重要原因之一。

占田课田是从屯田发展而来的，屯田的土地是封建的国有土地，用“以均政役”的美名改为占田课田，所以，占田课田就是在国有土地上推行的种田制。在占田制下的个体农民，占有小块田地，比屯田客或屯民身份较自由些，但封建依附性还颇强，法律不允许他们逃亡，还有人建议“申严此防，令监司精察，一人失课，负及郡县”。可见占田课田下农民的依附性。

从屯田制转变发展为占田课田制，有消极的一面，也有积极的一面。

在贵族官僚等地主阶级占田方面，颁行占田课田时，也规定了诸侯应占的刍藁田的限额和官吏按品级占田的数额，这在形式或法令上是企图限制贵族官僚地主的占田数量，限制他们不能占田太多，固然收效甚微，总算有个限额。同时，这一田制又是对大土地私有制的一种让步或妥协。在罢去民屯实行占田课田时，并未追收贵族官僚所侵占的屯田土地，并且还规定一品官可占田五十顷，九品也可占到十顷，这就保证了豪门地主的利益，因此，西晋罢屯田而推行占田课田制，一则用“以均政役”的美名来笼络人心，缓解农民的反抗，缓和阶级矛盾；二则司马氏政权本身就是代表士族豪门的利益，需要他们支持这个政权，所以也是对士族豪门的让步，从而有利于大土地私有制的发展。

在农民占田方面，一夫一妇之家可以占100亩，其中课田70亩，但是农民是否能够占足，那就大有问题了。占田不足的重要原因就是贵族官僚、强宗大族广占田园和水泽，乃至设置许多牧场。农民占田不足，剥削又重，故“一岁不登，便有菜色”。田数虽不足额，但田租却必须交纳。

从积极作用看，一则占田制鼓励垦荒，要将劳动力和土地结合起来，收到一定效果。王宏为汲郡太守时，这里垦荒5000顷；刘颂为淮南相时，经常要修治芍陂，“年用数万人。豪强兼并，孤贫失业，颂使大小戮力，计功受分，百姓歌其平惠”。这反映当时地方官注意农耕，故能垦辟不少荒地；抑制豪强，使力役均平，免致农民逃亡。二则在推行占田制后，“天下无事，赋税平均，人咸安其业而乐其事”。

平吴那一年，即太康元年（280年），西晋有户240余万，但到太康三年（282年），已锐增到377万户。两三年中，增加了130多万户，增加的人口是相当可观的。

占田制上承曹魏屯田，下启北朝的均田，在我国经济史上占有十分重要的地位。

整顿吏治

西晋政权冗官冗员现象严重，司徒左长史傅咸曾向司马炎上疏说：国家和百姓资财缺乏是由于设官太多，户口只有汉代的十分之一，而设置的郡县多于汉代。设立的军府有上百个，还有公、侯、伯、子、男这五等诸侯也设置自己的官吏，官禄及经费都出自百姓，这是百姓贫困的原因。应该省并官府，减少百姓劳役。官员们讨论后，形成了减少一半州、郡、县各级政府官吏的意向。中书监荀勖却认为：省吏不如省官，省官不如省事，省事不如清心。萧何、曹参做汉相，清静无为，民众安宁，这就是清

心。抑制浮华的舆论，减少行政文件往来，除去琐碎细微的政务，原谅人们的小过失，对喜欢生出事务以获取功名的人进行处罚，这就是省心。把全部九个中央行政部门合并到尚书省，把中央各素统的监察部门并到太尉、司徒、司空三府，这就是省官。各个部门、各个地区的政务多少不一，要是只按比例将各个政府机构都裁减一半是行不通的，应根据具体情况而定。

280年，司马炎下诏说，汉末以来，州刺史既管民政，又掌军队。现天下合一，应止息干戈，州、郡两级政府都撤销军队，只设武装吏员，大郡一百人，小郡五十人。这一措施的实行，使西晋的军队数量大为减少。曹魏及西晋平吴前，州、郡都有军队，由地方官统领，在边境地区设置的军队更多。

西晋的裁军与减少官吏数量，特别是减少无意义的政务的做法，客观地说，是有积极意义的。这是对汉代、三国长期存在的官员为了追求政绩而为政苛刻的一个反省，大大减少了国家开支，减轻了农民负担。

280年平吴以后至290年西北地区发生自然灾害前，十年里西晋既无内战又无外战，皇帝及官员崇尚简易的政治风格，政治事务少，对经济发展及提高农民生活水平起了至关重要的作用。当时也没有兴造大的土木工程，国家开支及农民劳役比以前大为减少，农民有时间从事生产，额外负担也相对较少，农民生活出现了安定饱足的情况，是三国以来最好的时期。古代史家描述为：人们都安心并满足于自己的生产，牛马遍野，余粮剩在田里；外出住宿时，大门可以不关；人们相见都有亲切感；谁有了匮乏，在外面就可得到。当时谚语也说：天下无穷人。史家称为“太康之治”。

但是，中国古代所谓好的时代对一般农民来说，充其量只能是解决温饱，还远远谈不上富庶，更不是解决了封建经济的弊病而取得的发展。如余粮剩在田里的记载，就反映了当时经济不正常的一面，对此我们要有清醒的认识。

对于撤销地方军队，一些人如尚书仆射山涛等表示反对。晋武帝死后，在西北地区发生了流民潮，因地方没有军队镇压，最终发展成大规模的流民武装。应该看到，流民因少数民族事变及饥荒而发生，这是历代政府错误的经济政策及民族政策所导致的，设置地方军队虽可镇压一时，但造成农民负担过重，蕴藏着更大的统治危机。

革新律令

晋武帝登基以后，还对其父司马昭以来就在进行的律令改革作出过贡献。

两汉时期的律令极为繁杂，律令和解说合在一起，有26272条，共700多万字，言数益繁，览者益难。于是在曹魏时代，魏文帝曹丕就曾下诏，“但用郑氏章句，不得杂用余家”。所谓“郑氏章句”是指：对于两汉律令，后人根据自己的理解，各为章句，有诸如叔孙宣、郭令卿、马融、郑玄等人所著的章句十几种，在这十几种当中取郑玄所著的章句。这样，律令虽有所改革，但仍然不失繁难。

司马昭为晋王后，深感前代律令本注繁杂，虽然经由陈群、刘邵等人改革，但由于科纲本来就繁密加之又在叔孙、郭、马、郑诸家章句中仅取郑氏，难免偏颇，因此未可承用。于是晋王司马昭令贾充定法律，令与

太傅郑冲、司徒荀顗、中书监荀勖、中军将军羊祜、中护军王业、廷尉杜友、河南尹杜预、散骑侍郎裴楷、颍川太守周雄、齐相郭颀、骑都尉成公绥、尚书郎柳轨及吏部令史荣邵共14人，对既存律令进行大规模的改造，去其繁苛，存其清约。

这是一项浩繁的工作，司马昭去世后晋武帝司马炎登位，继续进行。

泰始三年（267年），改律令工作完毕，制定出新律20篇，620条，27600多字；律与令合2926条，126300字；又从令中划分出条例章程，称为“故事”，各归本官府执掌。

晋武帝下诏赏赐：“昔萧何以定律令受封，叔孙通制仪为奉常，赐金五百斤，弟子百人皆为郎。夫立功立事，古今之所重，宜加禄赏，其详考差叙。辄如诏简异弟子百人，随才品用，赏帛万余匹。”并亲自临讲，使裴楷执读。

泰始四年（268年）正月，又下诏说：“律令既就，班之天下，将以简法务本，惠育海内。”下令抄录死罪条目，在公共场所悬挂，以使百姓知所趋避，也使朝廷命官、地方长吏及其他一些社会政治势力受到一定程度的约束。这大概是中国历史上的第一次“普法教育”。

其后，明法掾张裴又受命注律，其中有云：“律始于刑名者，所以定罪制也；终于诸侯者，所以毕其政也。王政布于上，诸侯奉于下，礼乐抚于中，故有三才之义焉，其相须而成。若一体焉。”还颇有一点依法治国的意向。

在当时的社会历史条件下，晋武帝颁布施行的律令是比较科学、有效的，史有记载：晋武帝于太康元年（280年）三月平定吴国之后，即“除其苛政，示之简易，吴人大悦”。

太傅郑冲，在修订律令的工作中所起的作用十分重要。《晋书·郑冲传》记载：晋王司马昭“命贾充、羊祜等分定礼仪、律令，皆先咨于冲，然后旋行”。

郑冲，字文和，荥阳开封（今河南省开封市）人。他出身寒微，但卓尔立操，清恬寡欲。自幼喜爱攻读经史，广博研究儒家学说及百家之言。行为严谨，处处循守礼仪，只求养身守行，不要乡曲之誉，因此一直没有步入仕途。魏文帝曹丕为太子时，搜扬各类人才，他被命为文学，后又任尚书郎，陈留太守。郑冲以儒雅为德，兢兢业业，只念温饱，不营资产，以此得到人们的刮目相看。曹爽辅政时，他被引荐为从事中郎，转任散骑常侍、光禄勋。魏齐王曹芳嘉平三年（251年）被拜为司空。他还曾为高贵乡公曹髦讲授《尚书》，不久转任司徒。魏元帝曹奂即位，拜太保，位在三司之上，封寿光侯。他虽居高位，却很少过问世事，司马昭辅政，他受命修订律令，到晋武帝登基，他被拜为太傅，晋爵为公。后因有人进谗言于晋武帝，他上表辞职，晋武帝不许，他交印绶固辞。晋武帝先后两次下诏，表彰他的功绩。

司徒荀顗当时受命定礼仪，他“上请羊祜、任恺、庾峻、应贞、孔颢等人，共同删改旧文，撰定晋礼”。

荀顗，字景倩，颍川颍阴（今河南省许昌市）人。他是魏晋武帝曹操的重臣荀彧的第六个儿子。幼时即为陈群所赏识，性至孝，得时名。他博学强记，理思周密，司马懿用之，擢拜散骑侍郎，后迁任侍中、骑都尉，赐爵关内侯。司马师辅政时，他因争讨毌丘俭有功，晋爵万岁亭侯。司马昭辅政，他以政绩得功，迁任司空，晋爵乡侯，后又封临淮侯。晋武帝登基，他晋爵为公。晋武帝下诏表彰他，任命他为司徒。后又加侍中，迁任太尉、都督城外牙门诸军事。命他定乐，未竟身死。晋武帝为他举哀，皇太子亲临丧礼。

中书监荀勖受晋武帝之命，与贾充共定律令。

荀勖，字公曾，颍川颍阴（今河南省许昌市）人，是汉代名臣荀爽的曾孙。十余岁即能著文，太傅钟繇曾说：“此儿当及其曾祖。”成人后，博学，达于从政。曹爽辅政时，他曾任中书通事郎。曹爽被诛，原门下的人们都不敢再去，荀勖独自临赴。后来荀勖参与司马昭的军事机构，被赐关内侯，转任从事中郎，领记室。荀勖平时处世多从律令考虑，屡谏司马昭应“刑手四海，以德服远”。司马昭采用了荀勖所作书信聘吴，吴主孙皓遂报命和亲，司马昭由此赞扬他：“君前作书，使吴思顺，胜十万之众也。”晋武帝“受禅”登位后，他被拜中书监，加侍中，领著作，并受命理律令。晋武帝时代，荀勖以明谏著称于朝廷，受信于晋武帝。太康十年（289年）卒，晋武帝遣使节护哀。

散骑侍郎裴楷因钟会之荐事于司马昭，任相国掾，又迁任尚书郎。贾充改定律令，以裴楷为定科郎。律令修订好以后，裴楷受晋武帝之诏执读于御前，让群臣评议。他读得抑扬顿挫，舒卷自如，听的人都忘了疲倦。

裴楷，字叔则，河东闻喜（今山西省闻喜县）人。少年时明悟有识见，弱冠知名。晋武帝始登基时，探问他可卜世数多少，他答之得一；晋武帝不悦，群臣亦失色，只见他正容仪，和声气，从容进言：“臣闻天得一以清，地得一以宁，王侯得一以为天下贞。”晋武帝听后转怒为喜，遂拜他为散骑侍郎。他不持俭素，挥金如土，有人讥之，他回答说：“损有余以补不足，天之道也。”遂安于毁誉，我行我素。平吴之后，晋武帝方修太平之道，常请各位公卿议论政事。裴楷滔滔不绝，先陈三皇五帝之风，再叙汉魏盛衰之迹，晋武帝称善，坐者叹服。裴楷年迈病笃时，晋武帝诏遣黄门郎王衍前去探望，卒年55岁。

第五章 民族融洽　四海一家

晋武帝在位期间，明白要想国家繁荣，必须先让国家安宁，于是他重用大将，抵御入侵，降服四海，使国家出现了四海升平、天下康宁的繁荣景象。

抵御入侵

在西晋当时的历史条件下，要使经济繁荣，国家强大，没有一定数量的人口作为基础，是不可能的。可是东汉末年以来的频战和动乱，使当时全国的人口遭受了极为严重的损耗。损耗的主要原因，一是由于各路军阀、诸侯混战，势必有大量的生命战场上消失掉；二是还有数目巨大的平民百姓死于军阀、诸侯军队的烧杀抢掠之中；三是为避战乱，平民百姓经常离乡背井，导致农业生产凋敝，百姓衣食无源，如果再遇天灾，势必大量冻饿而死，如汉献帝永汉元年（189年）董卓之乱以后的几年间，就发生过“民人相食，州里萧条”的悲惨事件。

人口在东汉末年大量减少的另一个原因，是原先的自耕农为避战乱，干脆逃入深山大泽或者流散到塞外少数民族地区；有的则被迫依附豪强作了私属。于是，在东汉末年，到处是“白骨露于野，千里无鸡鸣”的凄凉景象。在这种情况下，要成就事业，要立国强兵，必须注重人口增加，这成为诸多政治家、军事谋略家的共识。

也就在这一历史时期，中国出现了继春秋战国以后的又一次民族迁徙和民族大融合，而且规模要较春秋战国时期大得多。

魏晋时代的北方各族，除了汉民族以外，主要有匈奴、羯、氐、羌、鲜卑和乌桓等民族。这些民族的人民原来大都散居在我国传统疆域范围内的西北部和东北部边境，过着比较落后的游牧部落生活。之所以出现这次民族大迁徙和民族大融合，当然有其更为深层和远大的历史文化原因和政治背景，但比较直接和显见的原因是东汉末年军阀、诸侯的连年混战，使原来人口比较集中的黄河中下游地区变得人口稀少，各地的军阀、诸侯为了弥补兵源的不足和劳动力缺乏，采取恩威并用的政策，纷纷招引或胁迫其他民族的人民内迁，其他民族的一些统治者，也趁着中原地区军阀争战不休的机会，主动举族内迁。

魏晋时期的南方各族，除了汉族外，主要有越、蛮、俟、俚，僚等族，其中越族和蛮族最大。孙权称帝之前，百越族中的一支“山越”仍散居于今安徽、浙江、福建、江西等地的深山之中，过着原始的村社生活。吴主孙权为了补充兵源和劳动力，曾多次强迫山越人出山。诸葛恪、吕范、太史慈、韩当、周泰、凌统、吕蒙、贺齐等孙吴将领，都曾先后奉命对山越人进行镇抚或放火烧山，诱逼他们移居山外。当时出山的山越人不少于二三十万，如诸葛恪在丹阳（今安徽省宣城）附近一次就得到山越人4万。这些出山的山越人，或是选入军队当战士，或是被编为屯民、屯田客，或是被送至有军功的世家豪强作为部曲、佃客。

对蛮族也是一样，孙吴统治者也取镇抚并举的政策。时武陵蛮反乱，攻下孙吴的城邑，吴主孙权以黄盖为武陵太守，率兵征讨，杀了他们的魁帅，对附以者则予以赦免。于是“寇乱尽平，诸幽邃巴、醴、由、诞邑侯君长，皆改操易节，奉礼请见，郡境遂清”。

作为一代枭雄的司马氏，当然也十分明了发展人口对于成就霸业的重要性。魏明帝曹叡景初二年（238年）春夏期间，司马懿率兵征伐辽东自立为燕王、署置百官的公孙渊。大败公孙渊后，司马懿除血腥杀戮以示威慑之外，亦下令“中国人（指中原地区的人）欲还旧乡，恣听之”，地方官吏、豪强不得阻止。于是收户4万，人口30余万。

如果说司马懿当时收纳人口，还是心在事魏，那么其子司马昭揽定曹魏朝廷大权之后的收纳人口，就是他为晋王朝的建立，“以雄才成务”的具体作为之一了。魏元帝曹奂景元四年（263年）司马昭平蜀后，遂劝募原蜀国百姓内徙中原，应徙者给粮食两年，免徭役20年。据《晋书·武帝本纪》载，这时内迁人口的数量已高达870多万。不管这个数字是否过于夸大，但从中可体会到当时内迁中原地区的人口数量绝对不是个小数目。

晋武帝司马炎登位后，继续奉行恩威并用，发展人口的政策。

泰始五年（269年）二月，晋武帝任命胡烈为秦州刺史。因为在此之前，邓艾为谋伐蜀，曾收纳鲜卑族的投降者数万人，把他们迁居在雍州和凉州之间的地带，与当地的百姓杂居。待邓艾被诛，晋武帝担心这数万人久无人理治而生成祸患，因此派胡烈任由雍、凉、梁3州分置而成的秦州为刺史，以镇抚这些鲜卑族人。这也是因为胡烈当初为将伐蜀，在西域一带颇有威名的缘故。

泰始六年（270年）六月，鲜卑人首领秃发树机能起兵反晋。秦州刺史胡烈率兵讨伐，与秃发树机能战于万斛堆。胡烈当时兵少将寡，虽经力战，却兵败，被秃发树机能诛杀。

胡烈，字武玄，安定临泾人。其兄胡奋是曹魏旧臣，曾随司马懿讨伐辽东公孙渊，归迁任校尉，徐州刺史等，又因征匈奴刘猛之叛闻名，累迁征南将军、假节都督荆州诸军事，护军、加散骑常侍，在边境一带很有威惠。晋武帝命胡烈镇守秦州，也取胡烈依兄威惠之意。胡烈伐蜀时亦以战功名。钟会反叛时，他和手下诸将皆被禁闭。胡烈的儿子胡世元，时年才18岁，勇猛异常，身先士卒，攻杀钟会。

胡烈与秃发树机能浴血搏杀之时，都督雍、凉州诸军事的扶风王司马亮曾遣将军刘旂率援兵前往。可是刘旂观望不进，致使胡烈无援身死。晋武帝因此下令贬司马亮为平西将军，并要斩首刘旂。司马亮上疏说："节度之咎，由亮而出，乞丐其死。"晋武帝下诏说："若罪不在旂，当有所在。"于是罢免司马亮官职。

晋武帝司马炎再遣尚书石鉴任安西将军，都督秦州诸军事，讨伐秃发树机能。秃发树机能兵力强盛，石鉴派遣新任秦州刺史杜预出兵击之。杜预认为秃发树机能军正于获胜之后，士气高涨，而且草黄马正肥，而官军处于新败之时，士气有损，军粮后勤也，难得到保障，因此应当先并力运筹军粮，待第二年春天进讨。石鉴却不以为然，他上奏晋武帝说杜预有怠军心，请求将其拘捕，以槛车送往司法部门，论其以赎罪。继而自己率军前往讨伐秃发树机能，但最终未能克之。

平服鲜卑人秃发树机能的反叛，自此成了晋武帝的一块心病。

西部狼烟未消，北部烽火又起。

当初，曹魏把久居塞内的南匈奴人分为五部：左、右、前、后、中，各立其贵人为帅，分居并州诸郡，选汉人为司马监督他们。因为有汉高祖刘邦的女儿给匈奴单于为妻的故事，这些南匈奴人自称他们的祖先是汉氏的外孙，于是改姓刘氏。晋武帝泰始七年（271年）正月，匈奴右贤王刘猛反叛出塞。

不久，北地郡居住的胡人侵犯金城，凉州刺史牵弘率军讨伐，没想到四处胡人都加入叛乱，和秃发树机能一起共围牵弘军于青山，牵弘军败而死。

早些时候，大司马陈骞曾言于晋武帝说："胡烈和牵弘之辈都是有勇无谋的人，对于边境其他民族，只会采用强硬政策，所以他们不是绥边之才，将来要成为国家之耻。”

晋武帝知道牵弘为扬州刺史时，经常不服从当时大司马都督扬州诸军陈骞的命令，认为陈骞因此而诋毁牵弘，就没有听信陈骞的话，派牵弘再次出任凉州刺史。陈骞暗自叹息，知道必败。结果两人果然失去了与羌戎之间的和睦，先后兵败身死。以后连年征讨，结果也仅能维持现状，晋武帝才有所后悔。

好在北境还有战绩。晋武帝泰始七年（271年）十一月，塞外刘猛侵犯并州，并州刺史刘钦击而破之。

第二年春天，监军何桢讨伐刘猛，屡次破之。何桢在进攻的同时，暗地里以利诱得刘猛的左部帅李恪，李恪杀了刘猛以后率军投降。于是匈奴镇服，积年不敢复反。

时隔不长，汶山郡的白马胡又掀起骚乱。益州刺史皇甫晏打算出兵讨伐。属下何旅等人劝谏说：胡夷之间相互残杀，本来就是他们的常性，不足为大患。现在时值盛夏出军，大雨将到，必会引发疾疫，应当在秋、冬季节出军讨伐。皇甫晏不听。有一个名叫康木子烧香的胡人说军出必败，皇甫晏认为是扰乱士气，便杀了这个胡人。

皇甫晏率军出征，到达观阪。牙门张弘等人认为汶山道路艰险，又畏惧叛胡人兵多士众，就在夜间作乱，杀了皇甫晏。军中惊扰，兵曹从事杨仓等拼死搏杀，不敌而死。张弘反诬皇甫晏谋反所以杀了他，把他的首级带到京都。皇甫晏的属下何攀为皇甫晏道冤，张弘等人却在防地纵兵抢掠。主簿李毅对太守王浚分析了皇甫晏的情况，也认为他不可能作乱。李毅说：“现在益州有乱，这是此郡的忧患。张弘这个小人是人人都难以相处的，应当即时赴兵征讨，不可坐失机会。”王浚还想先上奏，李毅劝道：“对于张弘这种杀主之贼，罪恶深重，应当不拘常规先讨伐他，还要上奏什么？”王浚依言，遂发兵讨伐张弘。司马炎得知此事，下诏任命王浚为益州刺史。王浚进击张弘，斩之，并夷其三族。

这场骚乱总算平息，晋武帝十分高兴，封王溶为关内侯。

泰始九年（273年）七月，鲜卑人又侵犯广宁，杀五千人。而这时的晋武帝正忙于诏选公卿以下子女以备六宫，所以未予鲜卑人作乱以关注。

次年八月，凉州一带胡人再犯金城诸郡，镇西将军，汝阴王司马骏出兵讨伐，斩敌兵统帅乞文泥等人。

咸宁元年（275年）二月，鲜卑叛军首领送来人质请求归降。

六月，鲜卑人力微遣儿子来献贡品，将要回去的时候，幽州刺史卫瓘上表晋武帝请求将力微的儿子留下作人质，又秘密派人以重金贿赂他的各部首领归去在力微跟前挑拨离间。

校尉马循也于此月讨伐叛乱的鲜卑人破之，斩其渠帅。

咸宁二年（276年）二月，并州胡人犯塞，并州诸军事胡奋击破之。

五月，镇南大将军、汝阳王司马骏讨伐北方胡人，斩其渠帅吐敦。

七月，鲜卑阿罗多军犯边，西城戊已校尉马循出兵讨伐，斩首四千多人，生擒九千多人，阿罗多无计投降。

咸宁三年（277年）三月，送人质到洛阳求归降的秃发树机能仅一年再度反叛，平虏护军文淑督凉、秦、雍三州诸军讨伐，破之。各地胡人二百万口来降。

也就在这一年，卫瓘遣返两年前留下的人质力微可汗的儿子沙漠汗归国。自从沙漠汗入晋为质以来，力微可汗身边的其他儿子多受到恩宠。待沙漠汗归鲜卑，那些受到卫瓘贿赂的各部首领一起向力微可汗谮言，沙漠汗被杀。不久力微病重，乌桓王库贤秉政；时下他已受卫瓘的贿赂，想扰乱各部，于是在庭殿磨“斧”霍霍，对各部首领说：可汗恨你们这班人进谗而杀了太子，打算尽收你们的长子杀掉。各位首领害怕了，顿时作鸟兽散。力微见状，忧愤而死，其国由此衰落。

重用马隆

当初，晋的幽、并二州都同鲜卑接壤，东是务桓，西是力微，于是多有边患。卫瓘秘密使用计谋进行离间，结果务桓投降，力微忧卒。晋武帝为嘉奖卫瓘之功，封其弟为亭侯。

卫瓘，字伯玉，河东安邑（今山西省夏县北）人。其父为魏国尚书。卫瓘10岁丧父，至孝过人，以明识清允知名于人，袭父爵阌乡侯，20岁左右任尚书郎。权臣专政时期，他优游于各种政治派别之间无所亲疏，被当时的重臣傅嘏所器重。后迁任散骑常侍，陈留王曹奂时期拜侍中，持节慰劳河北。邓艾、钟会伐蜀时，他任廷尉卿，监邓、钟二人军事。钟会反叛，他处危急不惊慌，以装病懈怠钟会防范之心，遂纠集诸将杀钟会，平息钟会之反。他同样以计谋擒得手握重兵的邓艾。他以为自己与钟会一起陷害邓艾，担心兵变，又想独揽诛钟会之功，就派人夜袭刚被本营将士救出的邓艾，杀邓艾及其子邓忠。但回朝后受封，他又因辞不受。晋武帝泰始初年，他任征东将军，晋爵为公，都督青州诸军事、青州刺史，加征东大将军、青州牧，所在职位都有政绩。咸宁初年，他被晋武帝征拜尚书令，加侍中，他以法御下，严整平允。他认为魏时的九品官人之法是权时之制，不是经通之道，曾上疏晋武帝要求恢复古时的乡举里选。晋武帝善之，却最终没有改变。卫瓘学问深博，工于草书，时人把他与索靖并称“二妙”，在书法史上颇有影响。晋惠帝司马衷即位，卫瓘任太保。不久，纠葛于宫廷的斗争中，被贾后所杀。

咸宁四年（278年），司马督马隆上疏晋武帝说，凉州刺史杨欣与羌戎失和，必定要事败。是年六月，杨欣与秃发树机能的党羽若罗拔能等战于武威，兵败身死。

在诸多外族战争中，最让晋武帝司马炎劳神忧心的是鲜卑人秃发树机能的屡屡作乱。他虽派兵遣将，多次施威，但总是收效不佳，而且常常是战将兵败身死。

杨欣战败被杀后刚刚半年，秃发树机能再次起兵，并攻陷了凉州。从泰始六年（270年）秃发树机能开始作乱，至咸宁五年（279年）正月的这次兵破凉州，前后已有9年时间了。

这天，晋武帝临朝不由感叹道：“谁能为我讨此虏者？”

话音刚落，宝座下群臣中走出司马督马隆。马隆上前拜言：“陛下能任臣，臣能平之。”

晋武帝思忖，前些时候就是这个马隆上疏说杨欣失和于羌戎之间，必然兵败；后来不仅果如其言，而且被秃发树机能破陷了凉州，想来此人虽官职卑微，却也是个有谋略的人，于是说：“必能平贼，何为不任，顾方略何如耳！”

马隆答道：“臣愿募勇士三千人，无问所从来，帅之以西，虏不足平也。”

好个“无问所从来”！只要能英勇善战，哪管他是出于农亩，出于营伍，抑或出于奴隶？哪怕是逋逃的罪犯，只要他能戴罪立功，解国事于危难，也可不咎既往的。晋武帝再思，觉得马隆所言有理，于是当场允诺任用。

随即，晋武帝下诏，拜马隆为讨虏护军、武威太守。

公卿群臣见况，都劝谏晋武帝说，现在兵将已经够多了，不应当再让马隆重去招募；而且马隆年纪轻轻，任职卑微，恐是口出妄言，不值得这么信赖于他。

晋武帝却决心已定，不再动摇。

马隆去后，悬榜招募四方勇士，条件是能力开四钧之弓，挽九石之弩的人，应招者当场检视。从早上到中午，已招募合条件的三千五百人。马隆说："足矣。"又请求自己到武库选用兵器。

管武库的官员心中不快，和马隆争执起来。御史中丞则表奏晋武帝，弹劾马隆。

马隆面见晋武帝说："臣当毕命战场，武库令乃给以魏时朽杖，非陛下所以使臣之意也。"

晋武帝当即下令，任马隆自己挑选、取用兵器，他人不得干涉，并拨给马隆足用三年的军资，遣其踏上征途。

晋武帝起用马隆，不是一时无将可选的窘迫所致，更不是寄于侥幸的轻率所为，他是经过考虑和选择的。

当时归附的匈奴人刘渊臂长善射，勇力过人，而且姿貌魁伟，深得王浑等朝廷重臣的器重；王浑等多次向晋武帝荐用，晋武帝也召见了刘渊，与他交谈后很喜欢他。王浑的儿子王济甚至对晋武帝说刘渊有文武长才，陛下如果任命刘渊以东南之事，扫平吴国易如反掌。

此时也有人提出相反意见。孔恂、杨珧说刘渊不是汉族，其内心必然存在异己之念。他的才气的确少有人能比，可是不得委以重任。

待秃发树机能攻陷凉州，晋武帝忧虑，曾问李熹何将可任，李熹回答说："陛下诚能发匈奴五部之众，假刘渊一将军之号，使将之而西，树机能之首可指日而枭也。"

孔恂却说："渊果枭树机能，则凉州之患方更深耳。"

晋武帝斟酌后，才取消了任用刘渊平复树机能的打算，起用了马隆。

后来，刘渊果然成为覆晋的元戎。这当然又是中国历史之改朝换代的必然，无须多加贬责。

马隆承晋武帝之命兵发洛阳，日夜兼程，西进凉州。不消几日，抵达武威之东，渡过温水，树机能等探知晋军已到，就率兵数万占据险要，以拒晋军。马隆看见山路崎岖狭窄，就设计制造了一种扁箱车。扁箱车车身窄，可以通过狭道。又制造木屋，置于车上；兵将藏身木屋当中，既可避风雨，又可防矢石。就这样，马隆率军，边行进，边战斗。由于树机能军都身披铁甲，马隆遂命令士兵夹道垒起带有磁性的石头，使得身披铁甲的敌军难以行进。敌军看见马隆将士们于石头间畅行无阻，以为他们是神兵降临，哪里知道马隆的将士们身披的是不受磁性吸引的犀皮铠甲，于是军心已经不稳。马隆军行千余里，杀伤敌军甚多。

洛阳这边，自马隆率军西进之后，音讯全无，晋武帝和朝臣们都甚为担忧。有人甚至说马隆早已全军覆没，弄得晋武帝心如揣兔。

这天夜里，尽管六宫粉黛个个玉骨冰肌，艳丽魅人，笙歌曼舞、益曲仍旧赏心悦目，靡靡醉人，可是晋武帝怎么也难像以往那样兴致勃勃，他心里到底还在惦念着西线的战事。

忽报马隆使节到，晋武帝当然明白这意味着什么，不由转忧为喜，抚掌欢笑。他立即命人备车上朝，召见使者。待问过使者详细情况之后，他不无揶揄地对有些大臣说："若从诸卿言，无凉州矣。"

于是晋武帝下诏，命马隆假节督兵，拜为宣威将军，并称赞他："以偏师寡众，奋不顾难，冒险能济。”

这时，马隆已率三千精锐抵达武威。敌虏首领猝拔韩和且万能等见马隆兵精将勇，料不能拒，遂率数万余落归降。至此，马隆等已先后诛杀及受降敌众数以万计。

降服四海

泰始中年，晋武帝司马炎涛兴伐吴之役，下诏说：“吴会未平，宜得猛士以济武功。虽旧有荐举之法，未足以尽殊才。其普告州郡，有壮勇秀异才力杰出者，皆以名闻，将简其尤异，擢而用之。苟有其人，勿限所取。”兖州遂举荐马隆才堪良将，晋武帝擢马隆为司马督。

马隆之“才堪良将”，最突出地表现在他受命于危难的平定秃发树机能这一最大边患的战役中。他知兵在精不在多，选三千五百名壮士出击拥兵数万且据险而守以逸待劳的敌军。这三千五百名精选之士果然以一当十，“弓矢所及，应弦而倒”。马隆精通战术，且能具体情况具体处置。道狭窄，他做扁箱车以载兵；地平旷，就联车为营；遇伏兵，他车载木屋避矢石；总是避敌锋芒，攻其不备，又以磁石乱敌队。这样，尽管敌军或乘险以遏，或设伏以截，均难以奏效。而且马隆采取的运动战，在转战千里之中，对敌军进行各个击破，使敌军的数量优势不再存在。

晋武帝太康初年，马隆以平虏护军、西平太守率军与南虏成奚交战，他命军士皆负农具，装作耕田农民，待敌军懈怠后进兵破之。此后，在马隆任政期间，胡虏不改再为寇。

晋武帝力排众议，起用马隆，充分显示了他知人善用的一面。这在史籍中已留作典型事例。

此后，在晋武帝执政期间，虽还有些外患，但基本已不成气候，无大威胁。据《晋书·武帝本纪》记载，还有以下几次：

太康元年（280年）七月，轲成泥寇西平、浩亹，杀督将以下三百余人。

太康二年（281年）冬十月，鲜卑人慕容廆寇昌黎。十一月，鲜卑寇辽西，平州刺史鲜于婴讨破之。

太康三年（282年）三月，安北将军严询败鲜卑慕容廆于昌黎，杀伤数万人。

太康七年（286年）五月，鲜卑慕容廆寇辽东。

对边境或内部的其他民族进行武力征服和威慑，只是问题的一个方面；对这些民族同时进行安抚，使其归附于晋王朝，是问题的另一个方面。而且，从产生的结果来看，武力征服和威慑只是手段，使其归附，才是目的。

《晋书·四夷传》写道："晋武帝受终衰魏，廓境全吴，威略既申，招携斯广，迷乱华之议，矜来远之名，抚旧怀新，岁时无怠。"可见晋武帝自登基以来，对四方其他民族，主要是采取怀柔、招抚政策的。再加上政令统一，经济发展，民生安定，原先因战乱流亡其他民族栖息地的中原人纷纷思归，由此也带动了其他民族的内依晋朝。所以在晋武帝时代，形成了一个其他民族内迁或归依的潮流；在晋武帝执政期间，几乎年年都有大批的四方民族内迁或归依。这时的晋王朝广开容纳之怀，从而使国内人口得到很大发展。

晋武帝称帝之后，匈奴大水塞泥黑难等即举领两万余部落归依，散居在平阳、西河、太原等六郡。

咸宁二年（276年）二月，在并州诸军事胡奋大破犯塞胡人的同时，东夷则有八国人举国归依。七月，在戊己校尉己循大败犯境鲜卑阿罗多等部的同时，东夷有十七国内依于晋。

咸宁三年（277年），先后有“西北杂虏及鲜卑、匈奴、五溪蛮夷、东夷三国前后十余辈，各帅种人部落内附”。

咸宁四年（278年），又有东夷的九国之众内迁中原地区。

咸宁五年（279年）三月和十月，匈奴都督拔弈虚、余渠都督独雍等，先后各带领部落归依。

太康二年（281年）六月，再有东夷五国内附。

太康三年（282年）九月，东夷有二十九国归依晋王朝，并贡献其地方宝物。

太康四年（283年）六月，牂柯獠两 千余部落内附。

太康五年（284年）匈奴胡太阿厚率部落29300人来降，晋武帝在塞内西河划地接纳居住。

太康六年（285年）四月，参离四千余部落内归。

太康七年（286年）八月，东夷十一国内附。是年，还有匈奴胡都大博及萎莎胡（匈奴十九种之一）等各率部落共十万余人内附，居雍州。

太康八年（287年）八月，东夷两国内附。是年亦有匈奴都督大豆得一育鞠等再率种落11500人前来归附。

太康九年（288年）九月，“东夷七国诣校尉内附”。

太康十年（289年）五月，屡犯晋境的鲜卑人慕容廆来降。这一年，还有奚柯男女十万人内附于晋。

慕容廆的曾祖父在魏国初期率领他的族人居于辽西，曾从司马懿讨伐公孙渊而立功，被拜为率义王，始建其国于棘城之北。慕容廆的父亲慕容涉归后为鲜卑单于，迁邑于辽东北面。慕容廆自幼身材伟岸且容貌非凡，胸有大志，受当时安北将军张华的器重，张华还将服簪帻巾等相赠，与其结殷勤而别。而该时的慕容鲜卑，亦是臣服于晋王朝的。由于宇文鲜卑与慕容廆的父亲有隙，慕容廆继父位后要平父怨，曾上表晋武帝要讨伐宇文鲜卑，晋武帝没有准许，慕容发怒，遂入寇辽西，杀人很多。晋武帝派军击败慕容廆。自此慕容廆再掠昌黎，每年不断，并夺扶余国而占之。晋武帝再调兵遣将击败慕容廆，重立扶余之国。慕容廆到底是个识时务的俊杰，遂与其众谋商说：我自先公以后世代侍奉中国，况且华裔所依事理不同，我们本来就与他们强弱有别，我们怎能与晋抗争呢？为什么不与晋媾和以不再祸害我们的百姓呢？于是慕容廆派来使节，请求投降。

晋武帝不仅不念旧恶，反而嘉许慕容廆，拜他为鲜卑都督。

可是晋武帝的属下就不如晋武帝做得潇洒。东夷校尉何龛曾败慕容廆兵。慕容廆请降后谒见何龛，以士大夫的礼节巾衣到门。何龛以胜利者的模样，严兵以见之。慕容廆随即改服戎装入见。人问其故，他回答说："主人不以礼待客，客为什么还讲求礼节？"何龛听说以后，深觉惭愧，对慕容廆更加敬佩。

太康十年（289年），晋武帝使慕容廆率其鲜卑人迁居于徒河的青山。

以恩威并用的政策使四方其他民族大量归附或内迁，是晋武帝时代人口发展的一个方面；另一方面，晋武帝也十分重视国家内部的人口发展，如泰始九年（273 年）冬十月辛巳，他命人定制，规定民间女子年至17岁而父母不让出嫁的，由政府代选配偶。

晋武帝还发官奴婢屯田，奴婢配为夫妇，每100人成立一屯。官奴婢是罪人，其中许多人是司马氏政敌的子女，他们被允许成家繁衍，可见晋武帝对人口增长的重视。

晋武帝在位时曾对王公官员的占围进行了限制，公侯所占的京师近郊田是依爵位高低而递减的。对下级官员来说，限制作用更为明显。与限田制一起颁行的有荫细客和荫衣食客制。荫佃客制对各个品位的官员私蓄农户的数量进行了依次递减的规定，荫衣食客制则对官府内的门人，仆役的数量作了不同规定。这样就在一定程度上减少了“黑人黑户”的存在，使国家对人口数量的把握有了更大的明晰度和准确性。

晋统一全国之前，魏、蜀、吴共有户146多万户，人口767多万人。在太康元年（280年）平吴后，晋已有户240多万户，人口1600多万人，比三国时期，户增100万户，人口增一倍以上。到了太康三年（282年），国家已经有户370万户，增加了1/2以上。人口的大量增加，是“太康之治”的标志之一，也是太康年间晋王朝经济繁荣的动因之一。晋武帝在其执政期间，为汉民族与其他民族的和睦相处、中华民族的进一步融合以及当时的人口发展做出了贡献。

第六章 贤臣良将 济济一朝

司马炎即位后，为了能使国家快速发展强大，不计较人才的地位和身份，因人而异地给予合适的官职，终使国富民强，盛世初现。

良领羊祜

吴主孙皓的昏庸可以说比刘禅还要严重得多，孙皓好大喜功，不知天高地厚，可以说荒唐至极，当他还在醉生梦死的时候，晋武帝已经下定了平吴的决心。

蜀汉灭亡以后，新建的西晋王朝肩负着一统天下的历史使命。在之后灭东吴的战役中，一代名将羊祜是必须要提及的人。羊祜，字叔子，今山东省费县西南人，出身于汉魏名门士族之家，是西晋时期著名的军事家。

从羊祜起上溯九世，羊氏各代皆有人出仕二千石以上的官职。羊祜的祖父羊续，为汉末南阳太守，父亲羊衜为曹魏时期的上党太守，母亲是汉代名儒、左中郎将蔡邕的女儿。另外羊祜的姐姐嫁给了司马懿之子司马师为妻，而羊祜的妻子则是曹魏皇室成员夏侯霸的女儿。因此，羊祜在魏晋两朝都有着特殊的身份和地位。正因为羊祜的特殊处境，青年时期的羊祜虽然因博学多才、善于写文、长于论辩而盛名于世，却多次回绝州郡政府的征辟，有意回避了曹氏集团与司马氏集团之间为争夺最高权力而进行的斗争。

但由于门第关系，尽管羊祜基本上游离于两大集团争斗之外，可从思想感情上说，他对司马氏集团显得更为亲近一些。正始十年（249年），司马懿发动高平陵之变，夺得曹魏的军政大权。政变后，司马懿大举剪除曹氏势力，与曹爽有关的很多人都遭到株连。当时，尽管羊祜的岳父夏侯霸为逃避杀戮，投降了蜀国，而羊祜却并未因岳父而受到牵连，这大概和他较为亲近司马氏的政治态度有一定关系。

羊祜第一次接受征辟是在司马昭执政时期。不久羊祜就加入司马氏集团，并逐渐上升为该集团中的重要人物。曹髦统治时期，他先后出任中书侍郎、给事中、黄门郎等职。到魏元帝时期，羊祜调任为秘书监。到司马炎建五等爵制的时候，羊祜以功被封为巨平子爵，食邑六百户，不久，又被拜为相国从事中郎，与司马炎的另一心腹荀勖共掌机密。司马炎代魏前夕，羊祜被调为中领军，统领御林军，掌管京城内外戍卫。司马炎受禅后，以羊祜佐命之功，羊祜进号为中军将军，加散骑常侍，晋爵为郡公，食邑三千户。羊祜担心引起贾充等权臣的妒忌，于是固让封公，只授侯爵。泰始初年（265年），司马炎曾改任羊祜为尚书右仆射、卫将军等职。

西晋建立以后，晋武帝司马炎积极筹划消灭孙吴政权的战争，以实现统一大业。泰始五年（269年），司马炎除任命大将军卫瓘、司马伷分镇临淄、下邳，加强对孙吴的军事布置以外，又特地调任羊祜为荆州诸军都督，镇守襄阳，进行战前准备。当时，西晋与孙吴于荆州形成南北对峙的局面，西晋所辖荆州包括今天的陕西、河南的一小部分和湖北北部地区，而孙吴所辖的荆州则有今天的湖北和湖南的大部分地区。这里是晋吴间边界线最长的地区，也自然成为西晋灭吴战争的关键地区。

羊祜到任时，荆州的形势并不稳固。荆州地区的老百姓的生活很不安定，戍兵的军粮也不充足，所以羊祜首先把精力放在了对荆州的开发方面。羊祜禁止辖下的镇将以建造府第的名义扰民，开始大量开办学校，允许晋吴两国间的边民自由往来，尽最大能力改善老百姓的生活。不久，羊祜设法使孙吴撤掉了对襄阳地区威胁最大的石城驻军，这样便抽出一部分军队进行生产活动。他把军队分作两半，一半执行巡逻戍守的军事任务，一半垦田。只当年羊祜所统率的军队就垦田八百余顷，年底收获的时候，打下的粮食足够十年的军需。经过羊祜的这些措施，荆州的社会秩序迅速地安定了，军队的战斗力也得到了增强。羊祜的成就得到了晋武帝的肯定，为表彰他的功绩，晋武帝下令取消江北所有的都督建置，授予羊祜南中郎将的职务，指挥汉东江夏地区的全部军队。不久，羊祜又被加封为车骑将军，并受到开府如三司之仪的特殊待遇。

泰始六年（270年），江东著名的军事家陆抗到达荆州，担任孙吴在荆州的都督。陆抗注意到西晋的动向，他上疏给吴主孙皓，把自己的想法归纳为十七条建议，提醒孙皓。陆抗的到来，使得羊祜感到不安。他一面加紧在荆州进行军事布置，一面向晋武帝密呈奏表。密表建议，伐吴战争必须利用长江上游的便利条件，在益州大办水军，并向晋武帝推荐了益州刺史王浚。羊祜认为，王浚是治理水军的最佳人选，后来的事实也证明了羊祜做法的正确性。

泰始八年（272年），发生了一件事，使羊祜认识到孙吴的国势虽已衰退，但仍有一定实力，而且只要有陆抗这样的优秀将领主持军事，平吴战争不宜操之过急。事情是这样的，泰始八年八月，吴主孙皓解除西陵督步阐的职务。步阐害怕被杀，于当年九月献城降晋。陆抗闻讯，立即派兵围攻西陵。晋武帝命令羊祜和巴西监军徐胤各率军分别攻打江陵和建平，从东西两面分散陆抗的兵力，以实现由荆州刺史杨肇直接去西陵救援步阐的计划。但陆抗破坏了江陵以北的道路，晋军粮食的运输发生困难，再加上江陵城防坚固，不易攻打，羊祜屯兵于城下，不能前进。杨肇兵少粮悬，被陆抗击败，步阐城陷族诛。战争结束后，羊祜受到处罚，被贬为平南将军。

于是羊祜改变了对孙吴的军事策略，他一方面采取军事蚕食，另一方面则提倡信义，以积蓄实力，瓦解孙吴，寻找灭吴的合适时机。羊祜先派兵占据了荆州以东的战略要地，先后建立五座城池，把石城以西的土地都纳入西晋的版图之中以牵制孙吴。在荆州边界，他针对孙皓的残酷无道，对孙吴的百姓与军队讲究信义。羊祜每当发生军事冲突，都预先与对方商定交战的时间，从不搞突然袭击。部将中有主张偷袭的，羊祜就用酒将他们灌醉，不许他们再说。有一次，部下从边界抓到吴军两位将领的孩子，他知道后，马上命令将孩子送回。羊祜经常释放被俘的敌将，对战死的吴人也厚礼殡殓，送交对方。行军路过吴国边境，如果晋军使用当地的粮草，他都要下属按数作价给予赔偿。打猎的时候，羊祜约束部下，不许超越边界线。凡是被吴人射杀的禽兽，他都送还对方。对于投奔西晋的吴军将领，羊祜更是格外优待。羊祜的这些做法，使对方心悦诚服。吴国人十分尊重他，不称呼他的名字，只称“羊公”，许多人受到感召而投降于他。陆抗虽然看出了羊祜的打算，但也无可奈何，他只好告诫部下说：“羊祜专门做好事，如果我们专门干不好的事，这不等于说，不用打仗，我们就让人家制服了吗？现在，我们只要守好边界就行了，千万不能光想占对方的小便宜。”结果，在很长的一段时间里，晋吴两国的荆州边界线保持着和平的状态。

咸宁二年（276年）十月，晋武帝改封羊祜为征南大将军，恢复他贬降前的一切职权。而经过七年的练兵和各项物质准备，荆州边界的晋军实力已远远超过了吴军。这时候，陆抗已经病死，孙吴在荆州前线没有人再能和羊祜抗衡。孙皓的残暴统治更使得吴国政治昏暗不堪，将疑于朝，士困于野，民怨鼎沸，孙吴内部危机四伏，灭吴的条件已经成熟，于是羊祜不失时机地上疏给晋武帝请求伐吴。但羊祜的建议遭到了朝内许多大臣的反对，以权臣贾充、荀勖等人的态度最为激烈。他们认为西北地区有鲜卑人的骚乱问题，所以不应该同时进行灭吴战争。晋武帝的态度犹豫，当时除尚书杜预、中书令张华等少数人外，羊祜的意见没有为众臣所接受，灭吴建议被搁置了。羊祜对此十分痛心。

咸宁四年（278年）八月，羊祜身染重病。返回洛阳后，他抱病中对晋武帝再一次陈述了伐吴主张。后来，因病势沉重，羊祜自知不能长久了，对前来探病的张华说："孙皓昏庸暴虐，现在灭吴可以不战而克。如果一旦孙皓不在了，吴国另立有为的新君，我们虽然有雄兵百万，也不容易灭掉它了。吴国终将成为我们的后患！"他的主张得到了张华的赞同，于是羊祜高兴地说："你是能使我志向得到实现的人。"这时候，晋武帝也意识到机不可失，他要求羊祜带病指挥灭吴的战争。羊祜回答说："灭吴，不一定非要靠我指挥。功名的事，我并不挂在心上。如果有合适的人选，我会推荐他的。"这年的十一月，羊祜病故，终年58岁。临终前，他向晋武帝举荐杜预接替自己的职务。

西晋灭亡孙吴的战争是中国历史上一次重要的战争，其标志着自东汉末年以来分裂割据状态的结束，使中国重归一统。羊祜虽没能亲自指挥这场战争，但他为规划、准备这场战争做出了不可磨灭的贡献。晋武帝在灭吴后曾流着眼泪，追忆羊祜的功绩，他说："这都是羊太傅的功劳啊！"

羊祜死讯传开，他镇守过的荆州一带，城镇、村庄和军营哭声动天，就连对面的吴军将士也为之垂泪。在羊祜生前坐镇八年的襄阳，人们为他修庙造碑，面对此碑，念其功德，人人泪下，所以此碑被称为"堕泪碑"。唐代诗人孟浩然到此游历，写下了"羊公碑尚在，读罢泪沾襟"的诗句。

名臣张华

张华（231—300年），字茂先，范阳方城（今河北省涿县）人，西晋时期著名文学家、政治家。父张平，曹魏渔阳郡太守。张华年幼丧父，家境清寒，孤贫无以自立，不得不为人牧羊为生。他并未因此自甘暴弃，向逆境屈服，而是自幼就注意自我修养，博览群书，故“学业优博，辞藻温丽，朗赡多通，图纬方伎之书莫不详览”。他恪守封建道德礼法，为人豁达，“勇于赴义，笃于周急”，“造次必以礼度”。他气质深沉，“器识弘旷，时人罕能测之”。彭城刘讷有“人伦鉴识”，曾见张华而感叹说：“张茂先我所不解。”

曹魏后期，张华仍居乡未仕。当时门阀世族势力方兴，标榜门第阀阅的风气日强。张华因家族势力单薄，自幼孤贫，虽才华横溢，德行严谨，却一时未能见知于世。同时，他目睹了在权力斗争中荣辱不定、诛黜无常的政治现状，又受到广为流传的玄学思想的影响，难免产生出愤世嫉俗的情绪。

名士陈留阮籍赞扬张华可谓“王佐之才也”，张华由此声名鹊起。同郡大族名士曹魏吏部尚书卢钦见到张华后，十分器重他。同乡大族曹魏左光禄大夫、方城县侯刘放亦夸其才，并将自己的女儿嫁给张华。

张华在25岁左右时，被范阳郡太守鲜于嗣推荐为太常博士。吏部尚书卢钦在辅政的司马昭面前对张华倍加推崇，张华又转为佐著作郎，参与编撰国史。不久，张华迁长史，兼中书郎。他才识过人，思维敏捷，“朝议表奏，多见施用”，深得司马昭赏识，遂正式任命他为中书郎。

晋武帝禅代曹魏，转张华为黄门侍郎，封关内侯。张华接近皇帝，位居要冲，具有相当大的实权。他习于吏事，“强记默识，四海之内，若指诸掌”；他史识渊博，善谈史汉，谙通封建典章制度，晋武帝曾问他汉代宫室制度和建章宫的千门万户，张华“应对如流，听者忘返。画地如图，左右属目”，使人大有亲临其境之感；他博通礼乐制度，亦具有很高的文学素养。泰始五年（269年），晋武帝修订礼乐，命张华与太仆傅玄、中书监荀勖等人创作正旦行礼、王公上寿酒、食举乐歌，共十三篇，张华一人即写了《冬至初岁大会歌》《宴会歌》《命将出征歌》《劳还师歌》《宗亲会歌》《正德舞歌》《大豫舞歌》等八篇。诗歌采用四言或五言诗的形式，内容主要是盛誉司马氏功德，粉饰西晋太平盛世，宣扬皇道德教，虽音韵逗留曲折，诗句庄重典雅，但与《鹪鹩赋》相比，在思想内容和社会意义方面均不可同日而语。

但张华也创作出一些脍炙人口的传世之作。他著《博物志》十篇。《博物志》闻见甚广，取材宏富，是张华渊博的知识、剪裁取舍材料的技巧和雄厚坚实的文学功底的集大成。只是《博物志》中因多载怪异，而在某些方面不那么切实可信。他还创作了一些四言和五言诗，流传至今的虽寥寥可数，但从中仍可窥见他的丰富的情感世界和宏大的政治抱负。在《杂诗》一首中，他慨叹“晷度随天运，四时互相承”，遂“伏枕终遥昔”，回顾了历代兴来隆替的历史，不由得“永思虑崇替，慨然独抚膺”。一个胸怀大志，希望建功立业，憧憬清明稳定的政治局面的政治家的形象，跃然纸上。在《情诗》二首中，张华用苍凉苦楚的伤感笔调，表达了与佳人离别后的闲愁哀怨的心情。“佳人处遐远，兰室无容光”“不曾远离别，安知慕俦侣”等佳句，虽只是个人悲欢离合的抒发，却反映了他对爱情忠贞不贰的信念和情操。

张华所著的四言诗《励志诗》气宇不凡，颇具教益，是一篇不可多得的佳作。诗文带有一定的老庄思想色彩，同时又仍以儒家思想作为最高的行动准则。它对仗工整，又不枯燥无味；它引经据典，却不流于晦涩。诗文一开头的“大仪斡天，天回地游，四气鳞次，寒暑环同，星火既夕，忽焉素秋”几句，即让人感到“逝者如斯，曾无日夜”的时不我待的紧迫感。在这种“日与月与，荏苒代谢”的形势下该如何立身处世呢？他的回答是：“懂尔庶士，胡宁自舍。”应以儒家经典作为座右铭，即“先民有作，贻我高矩”；用玄学思想安身立命，即“安心恬荡，栖志浮云”。他告诫人们不要“放心纵逸”，而是要像耕耘南亩一样去修身修德，“力耒既勤，必有丰殷”。他用“水积成渊”“土积成山”“高以下基，洪由纤起，川广自源，成人在始，累微以著，事物之理，墨牵之长，实累千里”等形象的比喻，说明了只有矢志不渝，才能达到理想境界的辩证关系。他勉励人们要戒骄戒躁，做到“山不让尘，川不辞盈”，用若金受砺和水滴石穿的精神，去进德修业，以隆德声，实现“复礼终朝，天下归仁”的政治抱负。《励志诗》是张华政治思想和哲学观完全成熟的标志。儒玄并用，以儒为主，是张华世界观的基础和核心。

在这种十分适应当时封建统治需要的世界观的指导下，张华在从政过程中披肝沥胆，政绩突出，不仅深受晋武帝赏识，而且博得朝野上下的好评，时人比之为子产。不久，40岁左右的张华就被擢为中书令，后加散骑常侍，成为西晋最高统治集团的成员。

张华在任中书令期间最大的贡献就在于促成并制订了伐吴大计，从而加快了南北统一的步伐。

咸宁元年（275年），距西晋伐魏已有十年，距灭蜀也已过十二年。时西晋统治阶级内部矛盾缓和，边境战事不多，经多年休养生息，国力强盛，“大晋兵众，多于前世，资储器械，盛于往时”。而割据江南一隅之地的孙吴，则在暴郡孙皓的统治下，各种矛盾急剧激化。在孙皓毫无限制的横征暴敛下，“民力困穷，鬻卖儿子，调赋相仍，日以疲极”，“老幼饥寒，家户菜色”，可谓“将疑于朝，士困于野，无有保世之计，一定之心”。西晋攻伐孙吴，取乱侮亡，统一全国的时机业已成熟。当时，镇守江汉地区的征南大将军、都督荆州诸军事、荆州刺史羊祜上疏晋武帝，陈“宜当时定，以一四海”。晋武帝召集群臣朝议，司空、尚书令贾充、中书监荀勖和左卫将军冯𬘘等人“同共苦谏不可”，群臣亦多附合，以当时关陇地区氐羌少数族屡叛，官军屡败为由，多不赞成羊祜的建议。只有张华据理力争，与羊祜、杜预共同主张立即伐吴。晋武帝虽“密有灭吴之计”，却因“朝议多违”而未做出伐吴的决断。

咸宁四年（278年）六月，羊祜因病回朝。他在拜见晋武帝时，又面陈伐吴之计，晋武帝为之心动。因羊祜有病，不宜经常召入宫内咨询，晋武帝遂派张华去羊祜住处问其筹策。羊祜与张华推心置腹，陈述自己对局势的看法和伐吴的战略方针。张华十分赞同羊祜的见解和伐吴之计。羊祜对张华说：“成吾志者，子也！”

同年十一月，羊祜病逝，但伐吴大业并未因此而中止。羊祜临终前，推荐了志同道合的杜预接任自己的职务。张华也不负羊祜所望，为完成羊祜遗愿而力排众议。

晋武帝遂因此做出最后决断，发诏讨吴。任命张华为度支尚书，主持朝廷财政，“量计运漕，决定庙算”。

通过著名将领杜预、王戎、王浑等人的努力，伐吴战役终于排除各种阻力和干扰，取得了最后的胜利。它的胜利进程，充分证明张华确实是目光远大、意志坚强、运筹于帷幄之中、决胜于千里之外的政治家。平吴后，晋武帝特下诏令，对张华所建立的殊勋大功予以恰如其分的评价和奖赏。诏书说："尚书、关内侯张华，前与故太傅羊祜共创大计，遂典掌军事，部分诸方，算定权略，运筹决胜，有谋谟之勋。其晋封为广武县侯，增邑万户，封子一人为亭侯，千五百户，赐绢万匹。"

平吴后，张华"名重一世，众所推服，晋史及仪礼宪章并属于华，多所损益，当时诏诰皆所草定，声誉益盛，有台辅之望焉"。但佼佼者易污，他的功勋和才能，也招来忌妒和谗言。张华虽襟怀坦白，洁身自好，不搞浮华，不介入朋党之争，可是，处于政治旋涡中心，想要避免是非，又谈何容易！西晋统治集团从咸宁年间开始，在围绕齐王司马攸之国、伐吴以及太子（即惠帝）废立的问题，逐步形成两大对立势力。尚书令贾充、中书监荀勖、左卫将军冯𬘘等人为一方，他们为人鄙薄，好观察上旨，承颜悦色，专以曲意逢迎为事，主张剥夺齐王司马攸的实权，反对出师伐吴，反对废黜"不堪政事"的痴呆太子；侍中任恺、中书令和峤、庾纯、向秀等人为另一方，他们以名士自居，刚直守正，素轻视贾充等人的为人，反对齐王司马攸之国，主张废昏立贤，更择太子。两派矛盾逐渐激化，由政争发展到人身攻击，互相倾轧，闹得不可开交。张华与任恺、和峤等人关系虽很好，政见基本一致，但他却避免卷入两派的人事争端中。可是，他在伐吴问题上与贾充等人形成的尖锐对立，却使他在平吴前后成为贾充一党的主要攻击目标，屡遭谗言中伤。

平吴后，"自以大族，恃帝恩深"的荀勖，对张华"憎恶之，每伺间隙，欲出华外镇"。晋武帝起初并未听信荀勖谗言。有一次，晋武帝问张华谁可成为辅政大臣的合适人选，张华回答说：“明德至亲，莫如齐王攸，宜留以为社稷之镇。”而晋武帝一直猜忌其弟齐王攸，不欲他权势过重，而想出齐王攸之国。张华的意见当然不合圣意，故“微为忤旨，间言遂行”，遂于太康三年（282年）春正月，出任使持节、都督幽州诸军事，领护乌桓校尉、安北将军。

张华到镇前，鲜卑慕容涉归大肆侵掠辽西，占领昌黎。张华一到镇，即于三月派安北将军严询征伐慕容涉归，在昌黎附近大败之，杀伤数万人。张华在军事胜利后，并未继续穷兵黩武，以武力征服作为调整民族关系的杠杆，而是以安抚来使慕容氏款服。慕容涉归之子慕容廆往谒张华，张华以礼相待，“以所服簪帻遗廆，结殷勤而别”。正由于张华“抚纳新旧，戎夏怀之，东夷马韩、新弥诸国依山带海，去州四千余里，历世未附者二十余国，并遣使朝献。于是远夷宾服，四境无虞，频岁丰稔，士马强盛”。

（1）力挽狂澜

张华在外藩取得的出色政绩，得到朝野人士的赞赏。时朝议欲征召张华入朝，任为尚书令，进号开府仪同三司，这一动议使贾充党羽侍中冯紞不安。冯紞曾反对伐吴，“吴平，统内怀惭惧，疾张华如仇”。加之张华曾对晋武帝非议过冯紞的哥哥冯恢的品行才能，所以冯紞利用“深有宠于帝”的地位，对张华竭尽中伤之能事。冯紞曾侍从晋武帝，借议论钟会叛乱说：“臣以为钟会之所以叛乱，颇与太祖（司马昭）有关。”晋武帝听后大为不解，问冯紞缘由。冯紞回答说：“钟会才浅识薄，而太祖却夸奖太过，称赞他有谋略，授以高官显爵，使他处于要帅重地，掌握精兵强将，因此使钟会自以为谋略万无一失，却功名不符，未受重赏，遂心怀不满，飞扬跋扈，起兵反叛。”晋武帝听后表示赞同，冯紞又进一步说：

“既然陛下已经同意我的看法，那么就应以冰冻三尺，非一日之寒为诫，不要让像钟会那样的人再重蹈覆辙。”晋武帝问：“现在还有像钟会那样的人吗？”冯统让晋武帝屏退左右后，遂以隐喻的方式诋毁张华说：“过去曾为陛下出谋献策，为国家建立了大功的大臣，可谓人人皆知。现在出据方镇、掌握军队的人，陛下都应对其严加防范。”于是晋武帝遂“纳冯统之间，废张华之功”，非但未采纳朝议征召张华为尚书令，反而剥夺了张华的方镇统兵权，以重儒教为由，任命他为有职无权，形同虚设的太常卿。不久后，又以太庙屋栋折为由，免张华官。而后一直到晋武帝死，张华始终郁郁不得志，未任职官，仅“以列侯朝见”，尽管这样，他仍能做到宠辱不惊，既不为自己申理称冤，又不以牙还牙，以眼还眼，与佞幸小人争一日短长。

晋武帝死后，晋惠帝即位，张华的处境稍有好转。永熙元年（290年）晋惠帝“盛选德望以为师傅”，张华因而被任为太子少傅。当时杨太后的哥哥杨骏操持朝政，他“自知素无美望”，所以对张华等德高望重的大臣猜忌而“皆不与朝政”。张华心胸豁达，没有为此而耿耿于怀。永平元年（291年）三月，贾后与汝南王亮、楚王玮合谋诛杀杨骏，又欲废杨太后为庶人。在朝议时，群巨“皆承望风旨”，赞成废黜太后。张华则既不以贾后旨意为己见，又不计多年来官场失意之恩怨而对晋武帝遗孀杨氏落井下石，他认为“夫妇之道，父不能得之于子，子不能待之于父。皇太后非得罪于先帝（晋武帝）者也。今党其所亲，为不母于圣世。宜依汉废赵太后为孝成后故事，贬太后之号，还称武皇后，居异宫，以全贵终之恩”。尽管他的意见未被采纳，其为人之坦荡正直却由此可见一斑。

杨骏被诛后，统治阶级内部再次出现权力再分配的矛盾。当时政出多门，权柄不一。大司马汝南王亮和太保卫瓘二公辅政，权倾朝野。野心勃

勃的贾后虽挟持昏主惠帝，有皇权这张王牌，却因二公执政而不能专恣。元康元年（291年）六月，贾后让惠帝手写密诏，指使卫将军楚王玮诛杀了汝南王亮和太保卫瓘等人。但局势却一发而难以控制，时“内外兵扰，朝廷大恐，计无所出”。为了维护至高无上的皇权和统治秩序的稳定，张华明知楚王玮并非矫诏而杀二公，仍参与了贾后在诏书问题上大做文章的密谋。他派人对贾后说：“楚王既诛二公，则天下威权尽归之矣，人主何以自安！宜以专杀之罪诛之。”又亲自劝说惠帝：“玮矫诏擅害二公，将士仓卒，谓是国家意，故从之耳。今可遣驺虞幡使外军解严，理必风靡。”贾后遂用张华计，“遣殿中将军王官说玮矫诏，乃收玮诛之”。事后，张华以首谋有功，拜右光禄大夫、侍中、中书监、金章紫绶。

张华受皇权至上观念的支配，主观上为了巩固和加强皇权而参与了诛杀楚王玮的密谋，这从封建道德观念的角度看，是无可非议的。但在客观上，他的这一行为却有助纣为虐之嫌，在一定程度上玷污了他洁身自好的史誉。献计诛杀，不仅背离了他所奉行的“委命顺理，与物无患”的处世准则，而且也使他再次卷入名副其实的朋党之争中，不得不与贾后一党相沉浮。贾后则出于扩大自己政治势力的考虑，认为像张华这样出身庶族，宗族势力薄弱，“儒雅有筹略，进无逼上之嫌，退为众望所依”的人，是辅政大臣的最佳人选，而对张华“依以朝纲，访以政事”。从而使张华在政争中处于进退维谷的地位，以至于越陷越深，难以自拔。为了笼络和控制张华，贾后不顾张华十余次推让，晋封他为壮武郡公。元康六年（296年），又晋升他为司空，领著作。

元康年间，皇权衰落，“政出群下，纲纪大坏，货赂公行，势位之家，以贵陵物，忠贤路绝，谗邪得志，更相荐举，天下谓之互市也”。在这种政治形势下，张华的亲朋好友都为他的处境而忧心忡忡。他的少子张韪曾以灾兆劝张华逊位。“志不在功名”的张华，身处政治斗争的波峰浪谷之间，亦曾有过告老还乡的想法。他在《答何劭诗二首》中，自叹年老体衰，“忝荷既过任，白日已西倾。道长苦智短，责重困才轻”，无力应付复杂的明争暗斗，难以改变奢靡腐化的时代风尚，故时时感到“恬旷苦不足，烦促每肴余”，常常“负乘为我戒，夕惕坐自惊”，唯恐因力不胜任和出现失误而被政敌暗算中伤。他希望有朝一日能够“散发重阳下，抱杖归清渠。属耳听鹦鸣，流目憔鱼。从容养余日，取乐于桑植”。但是，由于时代和阶级的局限，尽管张华对“吏道何其迫，窘然坐自拘”的处境极为反感，但在上有帝后相制，左右政敌瞩目的形势下，他却无法解决自己的矛盾苦闷，脱离骚乱动荡的政界，实现他憧憬的超脱世俗的田园生活，只能继续自己“缨矮为微墨，文宪岂可逾”的从政生涯。既然他找不到一条更有意义的出路，遂不得不安于现状，用“天道玄远，惟修德以应之耳，不如静以待之，以俟天命”去答复好心的亲友，聊以自慰。

但是，张华在辅政期间，并没有仅仅局限于自我修德和无为而治。为了封建王朝的根本利益，他亦以“修德”作为辅政的主要方针，希望通过封建礼教来改变时弊，实现比较清明稳定的政治局面。

贾后为人凶险，擅权专政，是造成朝纲不振的主要根源。张华并不为一己之私利去逢迎贾后，以承风望旨、仰人鼻息的方式苟且偷安。他“惧后族之盛，作《女史箴》以讽”。《女史箴》以封建伦理道德和纲常名教为宗旨，隐喻贾后要以“妇德尚柔，含章贞法”当作行为的准则。他列举了樊姬不食禽兽肉三年以劝谏楚庄王狩猎、齐桓公夫人因齐桓公好听淫乐而不听郑卫烈音、冯昭仪以身挡熊以保护汉元帝、班婕妤为正名位而不与汉成帝同毒的典故，劝诫贾后应恪守妇道，行仁义礼教以辅佐惠帝。他辩证地指出“宠不可以专，专实生慢，爱极则迁，致盈必损”的利害关系，规谏贾后不要因君宠而得意忘形，利欲熏心。他认为“美者自美，翩以取尤，治容求好，君子所仇”，希冀贾后摈弃佞幸小人，杜绝文过饰非。贾后看了《女史箴》之后，虽未有什么痛改前非的变化，但碍于张华的正言规谏，在元康九年（299年）以前，一直未敢有太严重的僭越之举。

尽管“贾后虽凶妒，而知敬重华”，但她执政的本身却使得乱政隐患越来越表面化。为此，当时辅政的侍中裴頠深感不安，遂与侍中贾模和张华共议废贾后而立愍怀太子的生母谢淑妃为皇后。张华对此表示异议，他说：“惠帝自己并无废黜贾后的意思，如果我们擅自废立，惠帝会认为是僭越之举。况且宗室王势力强盛，朝廷内又有持异议的朋党，恐怕一旦进行废立就会出现动乱，招致杀身之祸，引起政治危机，这对国家是没有好处的。”裴頠说：“情况确实与你的担忧相符，但贾后这样昏庸残暴的人，做事毫无顾忌，不考虑后果，肯定会在不久的将来发生动乱，那又该如何办呢？”张华说：“我们二人现在还能被贾后所信任，只要经常在她身边进行规谏，申明祸福利弊，估计她不会做出什么大的僭越行为。幸好现在天下局势还比较安定，我们照此行事，可能会一直维持平安无事的局面的。”谋废贾后遂未能进行。

张华辅政期间，统治阶级内部蕴藏着深刻的矛盾和危机。朝野百官大臣，非司马氏宗室，即贾后亲族，或豪门望族，他们不仅各有朋党，相互倾轧，而且亦各有短长，良莠不齐。面对如此错综复杂的政治势力，张华亦能坚持修德的方式去息事宁人，维持了数年相对稳定的局面，确实是很不容易的。

司马氏宗室诸王，或于中央任职，或出镇方面。他们仗“雍容贵戚，进不贪功，退不惧罪”，多成事不足，败事有余。张华虽无力改变自晋武帝以来形成的诸王强盛的局面，但他尽可能做到对诸王敬而远之，虚授职官，不委重任。如关中氐羌少数族爆发起义，梁、赵诸王“士卒虽众，不为之用”，张华即及时调离二王，委任虽出身低下却有“文武材用”的孟观率宿卫兵赴关中。结果孟观“大战十余，皆破之”，镇压了起义。赵王伦调回京师后，任有职无权的车骑将军、太子少傅，伦“深交贾、郭，谄事中宫，大为贾后所亲信”，遂“求录尚书”，张华“固执不可”，又求尚书令，张华复不许。

与张华共同辅政的大臣，多是贾后亲族。如侍中贾模，是贾充族子，他“潜执权势”，“至于素有嫌忿，多有中陷，朝廷甚惮之”，此外又“贪冒聚敛，富拟王公”。侍中裴頠，出自河东裴氏，亦是贾充妻之从子，为人“欲而无厌”。琅玡大族王戎，是裴頠的岳父，与“贾郭通亲”，时任尚书左仆射，领吏都，他“苟媚取容”，“驱动浮华，亏败风俗”，“性好兴利，广收八方园田水碓，周遍天下”。庶族出身的张华，对这些地位与自己相当的权臣的丑恶行为，自然无可奈何。他一方面超脱世俗，不与之随波逐流，尽可能做到出淤泥而不染，严于律己，不营资财，“雅爱书籍，身死之日，家无余财，唯有文史溢于机箧”；另一方面又能够善于找出与这些权臣之间的共同点，与之通力合作。如贾模为了本宗族的私利，对贾后擅权心怀忧惧，尚能“尽心匡弼”；裴頠“虽后之亲属，然雅望素隆，四海不谓之以亲戚进也”，多次上疏进表，陈述“多任后亲，以致不静”之弊，主张“当先其疏者，以明至公”。这与张华的思想是基本一致的，故张华尽可能与贾、裴二人保持比较密切的政治关系，利用他们的力量规谏贾后，以推行和实现自己的政见，达到稳定封建统治秩序的目的。

（2）选拔人才

张华在辅政期间最突出的政绩就在于选官任人方面。当时门阀世族极力垄断和控制选官权，拒寒素于政权之外。尚书左仆射王戎领吏部典选，“未尝进寒素，退虚名，但与时浮沉，户调门选而已”。张华出身庶族，对没有门阀背景的人进仕之路的坎坷不平，颇有切身感受，他之所以能跻身政界，主要是凭借自己世无与比的博物洽闻和卓越的政治才能。因此，他重视知识，雅爱书籍，“天下奇秘，世所稀有者，悉在华所”，搬家时，曾“载书三十乘”，以至于“秘书监挚虞撰定官书，皆资华之本以取正焉”。正由于此，张华亦重视人才，敢于打破“户调门选”的用人标准。他“性好人物，诱进不倦，至于穷贱侯门之士有一介之善者，便咨嗟称咏，为之延誉”。许多两晋之际著名的政治家、文学家和史学家，都或是经他延誉称咏，或是由他荐举征辟而成名的。

他重视南士，不因他们是孙吴亡国之余而怀有偏见。太康末年，陆机、陆云入洛。“陆机兄弟志气高爽，自以吴之名家，初入洛，不推中国人士”。这种清高，实际上是南士与北士之间存有芥蒂的反映。

当时北方士人亦自恃征服者而对南士有所轻侮，张华则不然，他素重二陆兄弟，见之如旧相识，说：“伐吴之役，利获二俊。”他称赞陆机“天才秀逸，辞藻华丽”，“人之为文，常恨才少，而子更患其多”。陆云为人不拘小节，而张华“多姿制”，喜欢用帛绳缠束胡须，陆云“见而大笑，不能自已”，但张华对此毫不介意，仍将二陆荐之于诸公，为其延誉。二陆遂对张华倍加钦佩，待之以师资之礼。又薛兼、纪瞻、闵鸿、顾荣、贺循号为南土“五俊”，入洛，张华见而奇之，称其为“皆南金也”。他常常用“凤鸣朝阳”“东南之宝”这样的话语评价南士，并随才授职。

他举人荐士公允，不囿于门第出身，唯以吏干文义为准。陶侃早孤贫，为县吏，举孝廉入洛，张华与之交谈，“异之，除郎中”。名士牵秀，“博辨有文才，性豪侠”，帝舅王恺诬陷他有秽行而被免官，但“司空张华请为长史”。成公简虽家世二千石，但他“性朴素，不求荣利，潜心味道，罔有干其志者”。张华对成公简十分赞赏，经常对人说：“简清静比杨子云，默识似张安世”。刘弘“有干略政事之才……张华甚重之”，因而出镇幽州，“甚有威惠，寇盗屏迹，为幽朔所称”。张轨“明敏好学，有器望，姿仪典则”，却未受高品，“张华与轨论经义及政事损益，甚器之，谓安定中正为蔽善抑才，乃美为之谈，以为二品之精”。成公绥“博涉经传，性寡欲，不营资产，家贫岁饥，常晏如也。少有俊才，词赋甚丽……张华雅重绥，每见其文，叹伏以为绝伦，荐之太常，征为博士”。陈寿有“良史之才”，张华对陈寿说：“当以晋书相付耳。”欲举陈寿为中书郎，为荀勖所阻而未遂。左思出身于地位卑微、世业儒学的家庭，他博学多识，文赋情采富丽，做《三都赋》，通过对蜀、吴、魏自然风光的描写，抒发了自己渴望四海为一的政治抱负和理想。张华读赋而叹曰：“班张之流也，使读之者尽而有余，久而更新。”一时间豪贵人家竞相传写，遂有“洛阳为之纸贵”的美谈。

正由于张华能够像何劭赠诗中所说的那样：“既贵不忘俭，处有能存无，镇俗在简约”，故他“尽忠匡辅，弥缝补阙”的努力在一段时间内取得了较好的效果。《晋书·张华传》曰：“虽当阇主虐后之朝，而海内晏然，华之功也。”

但是，张华的种种主观努力，只能暂时地缓和社会各种矛盾的激化，却没有也不可能消除造成这些矛盾的根源：即宗室王势力强盛，后族外戚擅权乱政，门阀世族奢侈纵欲，恣意聚敛。就在所谓“海内晏然”时，关中地区少数族频繁起义，极大地动摇了西晋王朝在这一地区的统治。而且统治阶级内部亦危机四伏，大有一触即发之势。张华对此是深有认识的，他之所以反对废黜贾后，就是担心因此而造成危机的总爆发。但贾后权欲无穷，她时时欲废非己所生的愍怀太子，打算长期操执朝政。幸赖张华、裴頠等人极力反对，这一阴谋才迟迟未能实现。而诸王因不满贾后擅政，也时刻虎视眈眈，觊觎皇位，寻找时机，以求一逞。元康五年（295年），武库发生火灾，张华就因怀疑是诸王叛乱，而“先命固守，然后救火”，致使累代异宝及二百万人器械一时荡尽。事后张华说：“武库火而氐羌反，太子见废，则四海可知。”他已预见到太子废黜将会成为统治阶级内乱的总导火线。事实证明他的预见是正确的。

元康末年，辅政大臣之一贾模失宠于贾后，忧愤而卒，制约贾后的力量逐渐减弱。随着贾模的失势，一向与贾后沆瀣一气的贾谧（贾充的外孙）操持权柄，“迁侍中，专掌禁内，遂与后成谋，诬陷太子”。在这种情况下，张华原来的“勤为左右陈祸福之戒，冀无大悖”的方针已难以奏效，所以，愍怀太子的亲信，太子左卫率刘卞去找张华，打算与张华合作，发动武装政变以制止这一阴谋，但张华却推说不知贾后欲废太子事。刘卞说：“我原是寒悴之人，受到您的赏识，才由须昌小吏到今天的地位。我因感恩戴德，才向你谈论此事，您为什么却对我有所怀疑呢？”张华说：“假如有这件事，你打算怎么办？”刘卞答道：“太子东宫内人才济济，有精兵万余人。您身为宰辅，又是太子少傅，如果您下令召太子入朝，让他录尚书事，废黜贾后于金墉城，这不过是两个黄门侍郎即可完成的事情，肯定会万无一失。”张华拒绝了刘卞的建议，他回答说：“现在惠帝仍在位，太子是他的儿子。我又没有受命辅助太子执政，忽然立太子而废贾后，这是无君无父，以不孝示天下。即使能够成事，我也难免要身负不忠不孝的罪名。况且权臣贵戚当朝，威柄不一，我以此举授人以口实，怎么可能安然无恙呢？”废黜贾后之事再度成为泡影。

元康九年（299年）十二月，贾后设计，将太子灌醉，因使太子书写犯上谋乱之书，然后当惠帝于式乾殿会群臣时，出太子手书遍示之，群臣看后，未敢有异议，均附和贾后赐太子死的建议。那时只有张华坚决反对，他说："废黜太子并赐死，这是国家的大祸。自汉晋武帝以来，每次废黜太子，往往导致丧乱。在大晋据有天下不长时间的今天，废太子事更应慎重考虑。"尚书左仆射裴頠也认为应核对笔迹，以防诈妄。贾后遂将手书与太子过去奏事笔迹相对照，果然是太子所书。张华等人无言相对，但却仍坚持自己的意见。贾后知道难以让张华等人改变主意，遂上表把赐太子死改为废为庶人，惠帝下诏同意。

太子被废后，引起东宫将士和诸王的强烈不满。东宫左卫督司马雅、常从督许超等人，谋废贾后，复太子。他们"以张华、裴頠安常保位，难与行权"而赵王伦"执兵之要，性贪冒，可假以济事"，遂与赵王伦密谋此事。赵王伦与其佞幸谋臣孙秀，一向朋比为奸，皆是野心勃勃之徒，当然不会放弃这一良机。他们先劝贾后在永康元年（300年）三月杀了太子，借贾后之手除掉了夺权的障碍，接着又策划政变，以废贾后。在起兵之前，四月二日夜晚，赵王伦和孙秀为了使叛乱得到更广泛的支持，派司马雅去张华处说："现在国家处于危难之机，赵王想与您共匡朝政，成霸王大业。"张华知道赵王伦、孙秀等人得手后一定会有僭越篡权的逆行，义正词严地予以拒绝。司马雅恼羞成怒，说："刀都架在脖子上了，还敢如此说话。"遂看也不看张华就扬长而去。四月三日整整一天，张华亦未发赵王伦之谋。可见他还是赞成废黜贾后，只是不愿与赵王伦共事并直接卷入这种不忠的活动中而已。

当天夜晚，赵王伦发动兵变矫诏废贾后为庶人。他亦因对张华的宿怨新恨，以党附贾后的罪名，将张华和裴頠等人收执于殿前马道南。张华责问主事的（中书）通事令史张林说："你想要害忠臣吗？"张林称诏诘责张华说："你身为宰相，太子被废，为什么不能守节廷争？"张华说："式乾殿朝议废太子事，我是力谏的，这有文字记载为证。"张林问："既然劝谏未被采纳，为什么不辞职去位？"张华无言以对。过了一会儿，使者至，下达了斩张华、裴頠并夷三族的命令。张华临刑前慨叹道："我是晋武帝时的老臣，一片丹心。我并不惜命，只是担心今后国家将有不测之祸难。"遂被杀害，时年69岁。

张华被害，"朝野莫不悲痛之"。阎缵抚张华尸体痛哭道："早语君逊位而不肯，今果不免，命也夫。"刘颂哭之甚恸，他得知张华子孙有逃脱免难者的消息后，又转悲为喜，说："茂先，卿尚有种也！"陆机、陆云兄弟都为张华作诔文，又写了《咏德赋》来怀念他。

永宁元年（301年）五月，齐王冏、成都王颖、长沙王乂三王起兵，诛杀赵王伦、孙秀，齐王冏执掌朝政。齐王上奏惠帝，请求给张华昭雪。太安二年（303年），朝廷正式下诏，恢复张华官职和爵位以及所没财产，为张华洗刷了冤屈。

名将王浚

王浚，字士治，今河南省阌乡县东人。他出身官僚家庭，博览群书，深得羊祜器重。

王浚在担任益州刺史时，卓有成绩，晋武帝就决定授予他右卫将军，升为大司农。羊祜知道后，向晋武帝上了一个密折，告诉晋武帝，如果要决心平吴的话，就应让王濬待在益州，他将来足可担任平吴的重任。晋武帝采纳了羊祜的建议，于是撤掉了调王濬入京的旨意，仍留他为益州刺史，并密令他做好伐吴的准备。

王濬接到旨意后，开始秘密地大造船舰。他把几条船并连起来，上面铺上木板，长宽都是120步，可以载两千多人，上面可以骑马奔跑，船上又用木头建造起数层楼阁，四边都有门，可以远射，这种大船称为“连舫”。

咸宁五年（279年）十一月，晋武帝下达了伐吴的诏令：命镇军将军琅邪王司马伷出涂中，安东将军王浑出江西，建威将军王戎出武昌，平南将军胡奋出夏口，镇南大将军杜预出江陵，龙镶将军王濬、广武将军唐彬率巴蜀兵沿江而下，东西并进，共20万人。

咸宁六年（280年）正月，王濬与唐彬率领八万巴、益州水军从成都出发，开始东征。晋军水兵久经训练，士气旺盛，乘舟东下，势不可当，首战就攻克丹杨，俘获丹杨监盛纪。随后王濬率军乘楼船继续顺流前进，却不料被吴人设在长江江面的铁索挡住。当时吴人不仅在江面上设有铁索，在江心还抛下许多丈把长的铁锥。晋军的战船，一碰到铁锥就被撞沉了。于是王濬乘小船到前面探看，只见晋军先遣队的船舰已经停泊在一起，江面上，迷雾已经散去，一条条粗大的铁索横亘在眼前，沙洲上，又露出铁锥尖锐的棱角，任何坚固的船只如果碰上这样的棱角，也会顷刻间被穿透！

王濬看后，立即返回楼船，召集军中长史、参谋等将领共同商议。众将你一言我一语，绞尽脑汁，也没有想出个办法。历史有时候会因一个小人物的言行而改变。在这时候，王濬一个贴身侍卫献出了计策，而历史上甚至没有留下他的名字。这名侍卫说："将军，卑职斗胆说一句，卑职觉得，铁索可用火烧，铁锥可做竹筏带走，管保可以通过！"王浚听了这名侍卫的话，眼前一亮，立即指挥士兵抢做竹筏，每只筏方百余步，又扎起许多草人，一个个披甲执杖。然后挑选了一批水性好的高手，在水中牵筏先行。果然，竹筏遇到铁锥，就把铁锥挂走了。随后，王浚又做了许多个长十余丈的大火炬，灌满麻油，点着后火炬燃起，在战船之前运行，遇着铁索，经烈火猛烈炙烤一段时间后，铁索就被烧熔，哗啦哗啦地断了。这样，战船就又可以顺利前进了。

接下来，王浚率晋水军可以说是所向披靡，先克西陵、乐乡，俘吴水军都督陆景，跟着顺流而下，所到之处，吴军不战而降。一路上，经夏口、武昌，直抵三山，逼近建业。等残暴的孙皓登上石头城放眼望去时，晋军楼船已排满江面。

太康元年（280年）二月十五日，王浚军进入吴都石头城。孙皓赤裸着上身，双手反绑，口里衔着玉璧，牵着羊，同穿着丧服的大夫、抬着棺材的士兵一起，跟在素车白马后面，向王浚投降了。王浚接受了孙皓的投降，并赶忙替孙皓解开绳索，接下他口衔的璧，把棺材烧了。后来，王浚将孙皓送往洛阳。他率晋军进入石头城后，收缴印信文书，封锁仓库，对百姓秋毫无犯，表现出一代名将的风采。

尽管王浚为平吴立下了汗马功劳，但在灭吴后，他并没有得到应得的奖赏。因为晋武帝下平吴令时，起初要王浚受杜预节度，到进军建业时则受王浑节度。当王浚到建业时，王浑却要王浚暂缓攻城，要过江去与他会面。原因当然是王浑不愿王浚占首功。但王浚将在外，不受节制，他看形势对作战有利，便借言"风利，不得泊"，没有去与王浑会面。结果，战后王浑向晋武帝递上一表，告王浚不受节制，应照例论罪。晋武帝虽没有采纳王浑等人的意见，可为了不得罪门阀势力在论功时，仍把王浑评为了首功，晋爵为公，增食邑八千户，而王浚则为辅国大将军，封为县侯。

杜预王祥

咸熙元年（264年）七月，司马昭委托荀勖、贾充、裴秀、郑冲等人改制礼仪、法律、官制，为上台做最后的准备。杜预时任守河南尹，受命参与法律的制定。这些法律即是晋武帝泰始四年（268年）颁布的晋律，它上承汉律，下启唐律，对后世的封建法律有很大的影响。名义上主持修律的官员是贾充，而实际上杜预担负了最繁重的劳动，全部晋律的注解都是由他完成的。杜预在《律序》中指出："律以正罪名，令以存事制。"这是我国法律史上明确区分律（刑法制度）、令（规章制度）最早的定义，晋律的制定正是依据的这一原则，它使晋律较之汉魏旧律的界限更加分明、体系更加完备。杜预还提出，法律是官吏量刑的标准，不是讲道理的书，所以法律应该条目省减、文字简明通俗，以便使老百姓容易理解，不敢触犯。晋律以前的汉律，特点是刑罚苛碎、条目繁密，计七百七十余万字，二万六千余条，内容重复，不好记忆，为官吏提供了上下其手，从中舞弊的机会。曹魏政府虽对此做过改革，但变动有限。晋律依据杜预的主张，对汉魏旧律大刀阔斧地进行剪裁，只有二千九百余条，十二万六千余字，所以唐人称赞它"实日轻平，称为简易"。

晋武帝司马炎代魏称帝后，对其政权支柱世家大族实行放纵的政策。

因此社会上异常黑暗腐败，各级官吏蝇营狗苟，公相塞过，互相包庇。泰始四年（268年），杜预针对这种情况，向晋武帝建议实行考课制度，按照官吏的实际情况评定优劣，然后区别对待，或迁或黜。但是杜预的建议没有被朝廷接受。

泰始六年（270年）年初，杜预因得罪司隶校尉石鉴，被解除守河南尹的职务。六月，晋武帝起用他出镇边关，先为安西军司，后任秦州刺史领东羌校尉、轻车将军。杜预刚刚在秦州就任，他的对头石鉴也到达了这里。石鉴以安西将军的职务都督秦州诸军事，是杜预的顶头上司。当时，杜预所在的陇右地区很不安定，鲜卑人秃发树机能起兵造反，势力很大，晋武帝派去镇压的将领，不是战败，就是被杀。石鉴公报私仇，命令只有三百士兵，百匹坐骑的杜预出击。杜预识破石鉴的阴谋，不肯去送死。他顶撞石鉴说，草盛马肥的六月根本不适合同鲜卑人作战，另外政府军队的兵源给养问题也必须集中力量预先解决，所以交战的时间只能定在第二年的春天。杜预把他的意见归纳为“五不可，四不须”。杜预拒绝出兵，激怒了石鉴。石鉴找个罪名，将杜预逮捕送交给廷尉治罪。多亏杜预与皇室有婚姻关系，在“八议”的赦免范围，才保住性命，但仍丢掉了爵位。不久，石鉴在一次交战中，被秃发树机能打得惨败，事实证明杜预的意见是正确的。

泰始七年（271年）十一月，居住在山西地区的匈奴人在首领刘猛的带领下武装暴动。由于杜预明于筹略，善于规划，朝廷重新使用他参谋军国大谋。很快，他被任命为度支尚书，掌管政府的经济财政事宜。此后一直到咸宁四年（278年），杜预担任了七年的度支尚书。其间，因为石鉴的报复，他一度被免职，但为时很短。在任上，杜预共向晋武帝提出过五十多项治国治军的建议，其中包括常平仓的兴建、谷价的调整、盐运的管理、课调的制定和边防的建置等。此外，他还充分施展自己的聪明才智，积极进行科学发明。杜预制造成功人排新器，并复制出久已失传的欹器。为了解决洛阳的交通问题，他力排众议，主持修建了富平津大桥。在建桥过程中，从设计到施工杜预都付出了极大的心血。杜预发现当时通行的历法不合制度，经过计算，纠正了其中的差错，修订出《二元乾度历》。此历经过验证，终于取代时历，通行于世。

咸宁四年（278年）秋，兖豫诸州郡连降暴雨，西晋统治区域内大面积涝灾，晋武帝下诏求计。杜预曾前后两次上疏陈述救灾计划。这两篇收在《晋书·食货志》中的奏章是后人研究晋代社会经济状况的重要文献资料。由于杜预对当时灾情做过调查研究，所以他对灾情原因的分析和所提出的救灾办法，比较符合实际情况。他指出，粗放滥垦、火耕水耨和水利设施（陂竭）年久失修是造成灾难性后果的根本原因。“陂塌岁决，良田变生蒲苇，人居沮泽之际。水陆失宜，放牧绝种，树木立枯，皆陂之害也。陂多则土薄水浅，潦不下润。故每有水雨，辄复横流，延及陆田”。杜预认为解决的办法只能是坏陂宣泄。“以常理言之，无为多积无用之水，况于今者水涝瓮溢，大为灾害。臣以为与其失当，宁泻之不蓄”，那些建造比较合理的“汉氏旧陂旧竭及山谷私家小陂，皆当修缮以积水”。对“魏氏以来所造立及诸因雨决溢蒲苇、马肠陂之类，皆决沥之”。“宜大坏兖豫东界诸陂，随其所归而宣导之”。至于灾民，除靠政府救济官谷外，还可以让他们借助水产作眼下日给。坏陂的计划如果能实现，“水去之后，填淤之田，亩收数钟。至春大种五谷，五谷必丰，此又明年益也”。在上疏中，杜预对西晋政府的办事效率表示忧虑。他谴责某些部门、个别官吏只从自身利害出发，彼此纷争，互相扯皮，使一些地区的救灾工作不能继续下去。

太康五年十二月（285年1月），杜预被征调到中央政府任司隶校尉，途中行至邓县，突然病故，终年63岁。

杜预生前的著述很多，他所撰写的《春秋左氏经传集解》三十卷，是《左传》注解流传至今最早的一种。据《隋书·经籍志》记载，杜预的书保留到唐时，还有《春秋左氏传音》三卷、《春秋左氏传评》二卷、《春秋释例》十五卷、《律本》二十卷、《杂律》七卷、《丧服要集》二卷、《女记》十卷以及他的文集十八卷。

王祥字休徵，琅玡临沂（属山东省）人，是汉代谏议大夫王吉的后代。祖父王仁，官拜青州刺史。父亲王融，公府举荐他都不去应召。

王祥非常孝顺。母亲早死，继母朱氏不慈，多次说他坏话，因此父亲也不喜欢他，常常让他去打扫牛粪，王祥却更加恭敬谨慎。父母亲有病，他衣不解带，煎汤熬药都先亲口尝过。母亲曾想吃鲜鱼，当时天寒地冻，王祥解衣将要去破冰捉鱼，冰忽然自行破裂，两条鲤鱼从中跃出，王祥捉鱼回家。母亲又想吃炙黄雀，就有几十只黄雀飞到他幕帐中，供他母亲食用。同乡的人都惊叹，认为这是孝心感应。王祥家有棵李树，结果实时，母亲命他看守，每次风雨来时，王祥就抱树大哭。他就是这样忠厚孝顺。

汉代末年，遭逢战乱，王祥扶持母亲带着弟弟王览逃难到庐江（今安徽省庐江西南），隐居三十年，州郡征召他都不应命。母死后，居丧哀伤过度，形容枯槁，靠拐杖才能站立。徐州刺史吕虔召他为别驾，他已近60岁，极力推辞。王览规劝他，为他准备好车和牛，王祥才应召而去。吕虔把徐州政务都委托给他，那时候，盗贼遍地，王祥率领士兵，多次征伐，打败盗寇。徐州境内清肃安宁，政治教化得以推行。当时人歌颂他说："海沂之康，实赖王祥；邦国不空，别驾之功。"

待到司马炎做了晋王时，王祥和一位同僚同拜谒司马炎。同僚对王祥说："丞相晋王，位尊势重，何曾都已经向他归心致敬，现在我们应当跪拜才对。"王祥说："丞相的确尊贵，但他是魏国宰相，我们是魏国三公，三公和王侯，相去只有一级罢了，上朝的礼仪是一样的，哪有朝廷三公却轻易跪拜别人！这样做损害了魏国的威望，败坏了晋王的明德。有德行的人以礼节去爱护别人，我不做这事。"进去后，这位同僚跪拜，王祥却拱手长揖，司马炎说："现在我才明白你为什么被魏帝如此看重了。"

司马炎登上帝位后，拜王祥为太保，晋爵位为公。王祥因为年迈，多次上疏请求让位，晋武帝不准。御史中丞侯史光认为王祥长期抱病，朝会的礼节缺而不行，请求免去王祥官职。晋武帝下诏说："太保是国家元老，品行高洁，是我弘扬政道的依靠。他多次让位，我都不准，这不是你们下官随便议论的事。"于是平息了侯史光的启奏。王祥极力请求告老，晋武帝下诏让他以睢陵公身份归还府第，位同保傅，在三公之上，俸禄和从前一样。诏书说："古代告老归政的官员，不必侍奉王侯。现在（王祥）既以国公身份留居京城，就不再强求他行朝会礼节了。赐给他几杖，不必上朝，国家有大事都派人去征询他的意见。"

待到病重时，王祥写了遗令训诫子孙，认为生死是自然规律。他死后一切从简，薄葬。他的儿子都遵照而行。

王祥于泰始五年（269年）去世。来奔丧的人，不是朝廷的贤者，就是关系亲近的部下，没有其他的宾客。族孙王戎赞叹说："太保公真是清高通达啊！"

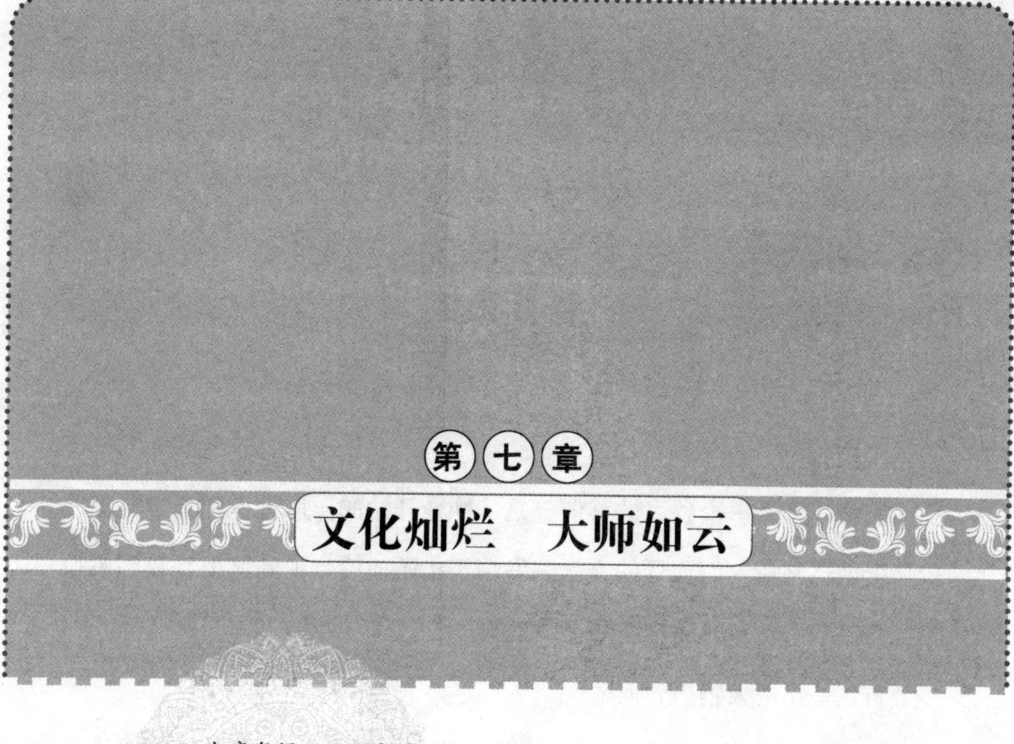

第七章 文化灿烂 大师如云

太康年间，天下太平，人民安居乐业，经济生活有了好转。与此同时，晋武帝还大力发展文化事业，弘扬民族文化，为中华民族古代灿烂的文化做出了一定的贡献。

魏晋玄学

玄学，作为一个独立的称谓，是从魏晋开始的。后世说到玄学，也一般是指魏晋玄学，而魏晋的玄学则发端于正始前后。说到这里，我们不得不提到三个人——何晏、夏侯玄、王弼。

首屈一指的人物当属何晏。

何晏，字平叔，南阳宛县（今河南省南阳市）人，汉大将军何进之孙。曹操纳何晏之母尹氏为妾，何晏的境遇与秦朗一样，被曹操收养，成了曹操的继子。何晏是位有名的帅哥，脸庞很白皙，年少的时候就“以才秀知名，好老、庄言”，为曹操所宠爱。

《世说新语》记载，还是在何晏7岁的时候，就已经“明慧若神”，曹操非常喜欢他，就把他带到宫中，想收他当自己的干儿子，而何晏聪明过人，立即知道了曹操的意思，他还真的没想着姓曹有什么高贵的，但是又不好正面拒绝。小小年纪的他，就在宫中找了个地方，画了一个方方正正的正方形，自己站在其中。有人问他做什么，何晏回答说：“这是我姓何的家。”曹操听说后，马上就把何晏送出了宫廷，让其回家了。

在曹丕称帝的时候，因为得不到曹丕的赏识，所以在曹丕执政的几年里，何晏只是个闲散的官——这对于一个长期处于权力中心、有激情创业的人来说，无疑是一记沉重的打击。

打击归打击，不过也使得何晏有很多闲暇时间去研究他喜爱的老庄哲学，尝试服用五石散，并和一群失意的才子们谈玄学。

第二个人物是夏侯玄。

夏侯玄，字太初。夏侯玄的父亲就是夏侯尚，母亲就是曹真之妹，魏德阳乡主。

说到夏侯玄一家，真是个悲剧。

夏侯尚，是夏侯渊的侄儿，本来他与曹丕的关系较好。后来，夏侯尚宠爱自己的小妾，而冷落了夏侯玄的母亲德阳乡主，德阳乡主回到娘家给自己的哥哥曹真说了，曹真又把这个夏侯尚家的家务事报告给了皇帝曹丕。当时，曹真是曹魏大司马，曹丕正用曹真去应付吴蜀呢！怎么能叫我的大司马为这种小事分心呢？更何况曹丕又喜欢插手这些琐事，于是，曹丕下令把夏侯尚宠爱无比的小妾绞死。小妾死后，夏侯尚哀痛过分，神情恍惚，时常命人挖开棺木，对着小妾的尸体痛哭流涕，不久，也郁郁而终。夏侯玄在思想上估计也是继承了其父不顾名教、不循规蹈矩的作风吧！

因为曹爽是曹真的儿子，夏侯玄和曹爽其实就是姑表弟兄。

而夏侯玄的一个妹妹，嫁给了和洽之子礼部尚书和迪，生下和峤、和郁兄弟，后来和峤成为晋朝名臣，他十分仰慕舅舅夏侯玄的为人。

夏侯玄的另一个妹妹夏侯徽，嫁给了司马懿的大儿子司马师。《晋书》记载：夏侯徽知道司马师有反叛之心（“非魏之纯臣”），而夏侯徽的母亲又是曹真的妹妹，于是，在曹真刚死、司马懿刚成为帝国的最高司令的时候，夏侯徽就被司马师残忍地毒死了。

何晏曾经品评夏侯玄和司马师说：“看问题深刻，能通达天下之哲理，就数夏侯玄；看问题细微，能处理好天下事务的，那是司马师。至于能达到不行而至、不谋而成的神化地步的人，我还没见到第二个。”当时，以通达哲理为上流，对处理俗务为下等，何晏这样区分，明显把司马师排在下等，从此，司马师对何晏恨之又恨，对夏侯玄嫉妒得不行。

不光是谈玄，夏侯玄的文采也很高，他写的《乐毅论》，后被王羲之手书而名驰四海。

第三个人是王弼。

王弼，字辅嗣，山阳高平（今山东省邹城、金乡一带）人。

王弼也十分了得，东汉末年的“八俊”有两个都和他有关系：他的外曾祖父就是刘表；他的五世祖就是王畅，位列三公；而他的继祖父则是大名鼎鼎的王粲（“建安七子”之首，和曹植并称为“曹王”）。东汉末年，王弼的祖父王凯与族弟王粲避乱荆州，依附刘表，刘表十分看重王粲之才，想把女儿嫁给王粲，可是又嫌他形貌丑陋，就把女儿嫁给了王凯，生子王业，王业生了王弼。后来王粲绝嗣，以王业为继嗣。因为王粲年轻的时候十分了得，过目成诵，14岁到长安大学者蔡邕（蔡文姬之父）家，蔡邕是倒穿着鞋迎接，并把家藏书籍、文章万卷送给了王粲，王粲最后又把这些书传给了王弼。

王弼从小就喜欢黄老之学。当时的名士一起谈论哲学问题，大家一致认为某个道理是正确的，等王弼一来，三下五除二，就把大家说的道理给推翻了，令名士们全都佩服得五体投地。正始初年，何晏被提拔为吏部尚书，在学术界声气很大，而当时王弼只有15岁，何晏呢，已经50岁左右了，可他一见到王弼就大为欣赏，认为可以与自己共同探讨“天人之际”的高深问题。何晏感叹着说：“仲尼称后生可畏，若斯人者，可与言天人之际乎？”

到曹爽执政的正始年间，何晏、夏侯玄因为与曹爽关系友善，被提拔重用，他们在野期间形成的处世哲学并没有因之而改变，反而因为王弼的到来而更加丰富多彩了。可以说，魏晋玄学的开山者是何晏，而集大成者为王弼。何晏本来注了《老子》，可等看到王弼的《老子注》，自己也就放弃了，而把自己写的书改成《道德二经》。

“无”作为何晏哲学的最高范畴，也是一切事物、论辩、行为的出发点。《晋书·王衍传》称：“魏正始中，何晏、王弼等祖述老、庄，立论以为天地万物皆以无为本。无也者，开物成务，无往不存者也。阴阳恃以化生，万物恃以成形，贤者恃以成德。不肖者恃以免身。故无之为用，无爵而贵矣。”然而，同为玄学，王弼却对于“无”有着自己的解释，他认为世界“以无为本、以有为末”，而不是老子说的“天下万物生于有、有生于无”。“无”既然无形无象，它本身就不能独立存在，必须通过“有”（具体事物）来体现。所以，“无”存在于天地万物之中，“无”和“有”，只是本末和体用的关系，“有之所以为利，皆赖无以为用”，万物虽有万形，最终只能回归它们的共同根本——“无”。基于“以无为本”的观点，何晏、夏侯玄、王弼都主张为人、为政、名教上都要顺应自然。比如，王弼说：“善治政者，无形、无名、无事、无政可举，闷闷然，卒至于大治”；对名教与自然的关系，他认为，自然是主，尊卑高低、制度约束等是次，因此，名教也要合乎自然；人性上，王弼主张性为主，情为末，即所谓“性其情”。

如今看起来很平常的事情，在把皇帝和圣人神圣化的时代却有着很大的意义，何晏就不敢承认圣人也是有七情六欲的，而王弼认为圣人照样有喜怒哀乐，只是他们善于控制罢了。

除此之外，玄学家讨论的问题还非常广泛。在认识论上，所谓“言尽意”还是“言不尽意”，就是说语言能不能说清道理，也一直是魏晋玄学讨论中的一个重要课题。王弼的“得意忘言”，对于中国以后的诗歌、绘画审美境界有极大的影响。

因为，这些问题都十分务虚，语言交锋十分玄妙，使得这些人关注的问题脱离实务，语言随之便不被一般人理解，行为也不同寻常，这对以后东晋上层社会产生了巨大的影响——以做具体工作为“俗务”，以片言只语体悟玄妙，以超凡脱俗为高标。从哲学的角度解决了世界观的问题以后，现实生活中，何晏选择了及时行乐的态度，这种态度影响了魏晋以后很多人。玄学和服药，对魏晋文化、风尚、服装、文学等都产生了难以想象的影响。

发展文化

魏晋时代被称为我国历史上的第二次“百家争鸣”的时代，中国现代的文化巨人鲁迅称在这一时期中国文学步入了“自觉”阶段。这一历史时期的确是中国历史上少有的思想、文化大发展时期，它毫无疑问地也包括晋武帝执政的20多年时间。

为什么会出现这种情况呢？除了思想文化自身发展的规律在起作用之外，范文澜先生还指出：“西晋士族，生活是优裕的，礼法的束缚是疏松的，全国统一以后，闻见也比三国分裂时扩大了。这些，使得一部分土族中人有条件去从事文化事业。西晋一朝虽极短促，但文化上的成就却是巨大的。”

另外，这也与当时的最高统治集团司马氏的提倡有关。

司马氏家族本为河内大族，世代“伏膺儒教”，崇尚风雅，追求文化知识。司马懿以“博学洽闻”而在少年时代即知名于众。司马师“雅有风采”，与该时的文化名人夏侯玄、何晏等人齐名。司马昭的妻父，就是魏晋儒教两个主要流派之一的“王学”的代表人物王肃。王肃注解过的《尚书》《诗》《论语》《三礼》《左氏传》以及其父王朗所注的《易传》等，正是在司马氏集团的支持下，被列于官学，成为当时的儒生必读之书。

司马懿的确在诛杀曹爽时同时捕杀了何晏、邓扬、丁谧、毕轨等儒士、名人，这就是史载的“同日斩戮，名士减半”。司马师则杀了当时名士中名望极高、与何晏同为领袖人物的夏侯玄。司马昭则杀了思想史、文学史上大名鼎鼎的嵇康。因此，后人多有认为司马氏以杀夺手段建立晋朝，对文化人也采取高压以至杀戮政策，失却了道义。诸多文化人、儒士不愿合作，又处于高压之下，只得以“癫狂”态度处世，而嵇康等在原则上并不反对儒家所规定的伦理秩序，而是反对司马氏挂羊头卖狗肉的勾当，反对司马氏提倡的虚伪的名教，故而被杀。

但是，如果客观地看问题，司马懿不杀曹爽及其党羽，反过来就是他自己垮台；司马师不杀夏侯玄等，反过来就是他自己被废、被杀；司马昭杀嵇康，主要是因为嵇康是曹魏宗室的女婿，不仅不合作，反而多有威胁、颠覆性的言行。

至于杀戮得国，历史上哪一个封建君主不是在平民百姓的白骨堆上，在鲜血淋淋的倾轧中登上皇位的？以儒家学说为核心的封建礼教，其实质是“吃人”。

晋武帝司马炎虽然不比曹氏父子本身在文化方面的许多建树，但他

却尊重知识，力促文化发展。加之他登上皇位以后，司马氏已不存在同其他政治集团的争斗问题，因此他对文化人的政策比较宽松，而且多次下诏书，从各方面促进文化的发展，许多儒学大家、文学家、史学家及各种文化人才，都在他朝中居官。

西晋建立之初，晋武帝就下诏任命庾敷、秦秀等19人为博士，以张华、刘实为太常之官，负责兴建太学和整理书籍，史书记有“世祖武皇帝应运登禅，崇儒兴学。经始明堂，营建辟雍，告朔班政，乡饮大射。西阁东序，《河图》秘书禁籍。台省有宗庙太府金墉故事，太学有石经古文先儒典训。”

由于晋武帝对文化教育的重视，“九州之中，师徒相传，学士如林”，太学生有三千人之多。

泰始二年（266年）七月，晋武帝下令营造太庙，“致荆山之木，采华山之石；铸铜柱十二，涂以黄金，镂以百物，缀以明珠。”成就一件规模壮观的文化艺术品。

泰始四年六月（268年），晋武帝又在诏书中写道：“士庶有好学笃道，孝弟忠信，清白异行者，举而晋之。”表现出对文化人的提携之意。

泰始六年（270年）冬十一月，晋武帝亲临当时太学的教习场所辟雍，“行乡饮酒之礼，赐太常博士、学生帛牛酒各有差”，以示关怀和鼓励。

咸宁三年（277年）三月，晋武帝下诏说：“宗室戚属，国之枝叶，欲令奉率德义，为天下式。然处富贵而能慎行者寡，召穆公纠合兄弟而赋唐棣之诗，此姬氏所以本枝百世也。今以卫将军、扶风王亮（即司马亮）为宗师，所当施行，皆咨之于宗师也。”倡导宗室戚属学习文化、礼仪。

咸宁四年（278年），“晋武帝初立国子学。定置国子祭酒、博士各一人，助教十五人，以教生徒。博士皆取履行清淳、通明典义者，若散骑常侍、中书侍郎、太子中庶子以上，乃得召试。”这种“国子学”相当于现今的“贵族学校”。

咸宁五年（279年）冬十月，汲郡有一个叫不准的人挖掘战国时的魏襄王墓，得到漆写小篆古书十几万字的竹简。晋武帝下令收取，藏于秘府，显示了对文化古籍的重视。

晋武帝出身于儒学世家，自然对儒学投以关注。他在位期间，儒学得到发展，其代表人物和成果是傅玄及其所撰《傅子》。

傅玄，字休奕，北地泥阳（今陕西省耀县东南）人。他少年孤贫，博学而善于写文章，在音乐和声律方面亦有造诣。曾在曹魏时任弘农太守、典农校尉。晋武帝为晋王太子时，即与傅玄关系密切，任傅玄为散骑常侍。晋武帝登位后，封他鹑觚子爵位，官至侍中、太仆、司隶校尉。

傅玄是当时一位卓有声望的儒学家，他向晋武帝上疏说：“夫儒学者，王教之首也。尊其道，贵其业，重其选，犹恐化之不崇；忽而不以为急，臣惧日有陵迟而不觉也。”晋武帝阅启下诏说：“二常侍恳恳于所论，可谓乃心欲佐益时事者也。”在肯定了傅玄的良苦用心后，晋武帝接着指出：“二常侍所论，或举其大较而未备其条目，亦可便令作之，然后主者八坐广共研精。”可见，晋武帝不仅赞同傅玄之见，还与其有所切磋。

傅玄除著有《傅子》外，还有文集百余卷传世。

《傅子》分为内外中篇，共4部、6录，合140首，几十万言。司空王沈看了他写就的内篇时评价说言辞丰富，道理充实，经纶政体，存重儒教，足以阻止杨墨的偏颇，比肩于以往的孔孟之说。唐朝魏徵在他的《群书治要》一书中，曾摘引了《傅子》的不少篇章和观点。宋朝时，《傅子》一书内容散逸甚多，后经后代学者辑录，得以大体恢复。

傅玄在哲学思想上继承了《易经》的元气说和阴阳关系说，具有朴素的唯物主义和辩证法因素。他强调人的作用，将其概括为“天时不如地利，地利不如人和”。他注重事实，提出听言不如观事，观事不如观行，而只有将三者统一起来，才能接近减少失误的境界。

傅玄还是一个性格刚劲亮直，不能容人之短的人。他把自己的儒学思想融于为官的实践当中，主张“贵本”发展农业生产；主张提高效率，精简职位；主张广罗人才，任人之专。他的诸多奏章，依本事实，用语峻急，弹劾不留情面。如泰始四年（268年）他对水旱之灾的上疏就是如此。晋武帝阅后下诏说：“得所陈便宜，言农事得失及水官兴废，又安边御胡政事宽猛之宜，申省周备，一二具之，此诚为国家大本，当今急务也。如所论皆差，深积压乃心，广思诸宜，动静以闻也。”这一方面可以看出傅玄奏章的实在具体，另一方面也显示了晋武帝识重纳谏之度。

文学在晋武帝司马炎时代得到长远发展，自建安以来，在太康年间又一次出现高峰。

建安文学的代表是曹操、曹丕和曹植以及“建安七子”孔融、阮瑀、王粲、陈琳、刘桢、徐干和应玚。建安文学之后是正始文学，其代表是“竹林七贤”中的嵇康和阮籍，他们在诗歌和散文方面都很有成就。嵇康最著名的诗歌是《幽愤诗》，是他因吕安事被捕入狱后做的，写得情真意深，恳切清峻。

阮籍，字嗣宗，陈留尉氏（今河南省尉县）人。他的父亲是“建安七子”之一的阮瑀，曾任魏国的丞相掾。阮籍性格傲然，放任不羁，博览群书，尤其喜好老子、庄子；嗜酒善琴，常常得意忘形。阮籍曾在司马懿、司马师手下任从事中郎，又在司马昭专权时任散骑常侍、步兵校尉等职，故又被称阮步兵。

尽管如此，阮籍始终对司马氏父子持不合作态度，又不敢公开反对，因而有意放浪形骸，纵酒佯狂。善于陷害人的钟会以时事问他，他亦以醉酒不答而避免了被罗织罪名。他对世人多以白眼视之，只有当嵇康来时，他才“大悦，乃见青眼”。还有传说阮籍曾赶着牛车不择路而走，而后因无路可走，放声大哭而归，其用意很明显，以此来表示自己在司马氏当政下无路可走。阮籍以反礼法来曲折抗拒司马氏所倡的名教，为当时的礼法之士视作仇讐。可是司马昭每每保护他，晋武帝亦任他的儿子阮浑为太子庶子。文学上，他主要以诗《咏怀诗》等传世，诗风质朴自然。

杰出人物

太康诗人主要有张载、张协、张亢、陆机、陆云、潘岳、潘尼、左思等，史有“三张、二陆、两潘、一左”之说。其中陆机、左思成就最高，潘岳次之。

陆机，字士衡，吴郡华亭（今上海市松江县）人。他是东吴名臣陆逊的孙子，父亲陆抗是东吴的大司马。陆机20岁时，晋武帝灭吴，他退居旧里，闭门勤学，并做《辩亡论》两篇，论述吴国何以衰亡及他祖父的功业。直到太康末年，才与其弟陆云一起去洛阳，造访时任太常的张华。张华与其一见如故，说伐吴之役获得了两位俊才。后被太傅杨骏辟为祭酒，他却说：“我祖父名播四海，宁不知邪！”“八王之乱”时期，陆机任成

都王司马颖的后将军、河北大都督，后因兵败，被司马颖所杀。

陆机的诗歌讲究辞藻和对偶，模仿多于创新，《长歌行》《猛虎行》和12首《拟古诗》都流于此弊，较好的作品有《赴洛道中作》《门有车马客行》等。有人评价他的诗作“若排沙简金，往往见宝”。

左思，字太冲，齐国临淄（今山东省益都县）人。他出身于小吏家庭，其貌不扬，口讷，不好交游。待妹妹左芬被司马炎选为皇妃后，移居京师。他自以为所见不博，求作秘书郎。他与秘书监贾谧交好，曾被请讲授《汉书》。贾谧被杀后，他退隐不仕，专心于典籍，后病死于冀州。晋武帝选其妹为妃，是因其妹好学善文，名亚于左思，晋武帝闻而纳之。

左思的诗作今仅存14首，其中8首《咏史》较为有名。像《咏史》之二中的“郁郁涧底松，离离山上苗”等意象，是以比拟手法去暗喻怀才不遇的人和无才得志的人，控诉了当时的门阀制度，对南朝的范云、初唐的王勃、中唐的白居易都有所影响。王夫之在《古诗选评》中评价左思说：“三国之降为西晋，文体大坏，古度古心，不绝于来兹者，谁太冲者焉归？”这一评价大体上说还是公允的。

潘岳，字安仁，荥阳中牟（今河南省荥阳县）人。祖父潘瑾为安平太守，父亲潘芘为琅邪内史。潘岳少年时代以敏慧见长，乡邑号之为“奇童”。泰始中年，晋武帝躬耕于籍田，潘岳做赋对此大加赞美。晋武帝亲事农桑，当然有值得肯定之处。但潘岳做此赋竭尽过誉以至吹捧之词，足见其属趋炎附势、阿谀奉承之辈。对此史有所载：“岳性轻躁，趋世利，与石崇等谄事贾谧，每候其出，与崇辄望尘而拜。”

贾谧是贾充的外孙，因其母未婚先孕，为遮羞，贾充遂将贾谧作为贾门之嗣。贾谧在其母贾后弄权时，势力熏天，骄横无忌，穷奢极欲。潘岳与陆机、陆云等附会贾谧，是贾谧二十四友中的名列前茅者。

但这只是事情的一个方面，潘岳才名冠世，也被人嫉恨。当山涛、王济、裴楷等都被晋武帝亲近而做大官时，他才是个县令，因此心中也常郁郁不得志。不过在职守上，潘岳还是勤于政的。他任怀令时，曾上奏议案，颇在理，为朝廷采纳。他因勤于政而升任廷尉，可是最终也只做到给事黄门侍郎。晋惠帝时，他被人诬陷谋反罪被杀，夷三族。

潘岳在诗歌创作上以《悼亡诗》见传。他悼念亡妻的诗作就写得相当感人，其中写道："望庐思其人，入室想所历。帏屏无仿佛，翰墨有余迹。流芳未及歇，遗挂犹在壁。"诗句由远及近、由外及内写来，犹如情思愈重；加之所捕捉的意象都是极普通却又极具典型性，使人读来自然不失深切，对亡妻沉重的思念之情跃然纸上。后人评价"潘诗烂若舒锦，无处不佳"，仅就其辞藻华丽而言，自然有所溢美，但其诗作有些的确可称上乘。

在太康诗人的创作中，还有诸如傅玄的《豫章行苦相篇》，张华的《情诗》，张协的《杂诗》，郭璞的《游仙诗》，刘琨的《重赠卢谌》《扶风歌》等受人称道，为传世之作。

太康文学，除了诗歌外还有一种体裁的文学作品，这就是赋，而且赋的成就比诗歌大。

前面曾提及潘岳为晋武帝躬耕农日而做赋，其实那算不上严格意义上的赋，只是颂词之类的东西，谈不上是什么文学创作，所以文学史上鲜有提及。

赋的创作，以左思的《三都赋》（《蜀都赋》《吴都赋》《魏都赋》）成就最高。左思创作《三都赋》，构思十年，门庭、花园以至厕所里都摆有笔纸，遇得一句，立刻写下。赋写成之后，张载、刘逵为其作注、序，张华则称赞其"使读之者尽有余，久而更新"。于是豪贵之家竞相传写，洛阳为之纸贵。当初陆机至洛阳后也曾想写些赋，听说左思在作，他拍着手掌取笑说等左思赋成，用它来盖酒瓮。可是左思写出，他一看叹服，认为己所不及，遂停笔不写。

《三都赋》不仅承袭了汉赋文辞华丽、铺排壮观的特征，而且独具自身写实的特点，去掉了汉赋极饰夸张的做法，可以从中得知三国时代的经济、社会状况，故而独成一家。

除了左思的《三都赋》外，陆机还做有《文赋》。该作实质是以赋的形式阐述作文为章的方法，颇多精当见解，是我国古代文艺理论中的重要著述。

潘岳有《闲居》《秋兴》二赋，写出了清悠闲适的格调；又有《射雉》《笙》二赋，状物抒情，细致精巧，文辞俊美，属风流洒脱之作。

书法艺术在西晋亦有重要发展。晋武帝极为重视书法艺术，专门立书博士，设弟子员，教习书法，以钟繇、胡昭两个人为标准。范文澜先生评述说："东汉末后刘德升首创行书体，钟、胡得刘德升传授，都擅长行书。钟繇真书（楷书）尤独攘盛名。行书、真书在各书体中是最合实用的书体，书博士规定以钟、胡为法，符合书体进步的趋势。"

钟繇，字元常，颍川长社（今河南省长葛县东）人。少时靠族父供给费用，得以专学。不久任廷尉正、黄门侍郎。汉献帝时李傕、郭汜作乱，他因进言保护了曹操，晋官御史中丞，迁侍中尚书仆射，封东武亭侯。自此，他成为魏国的朝廷重臣，曾先后在曹氏统治集团中任相国、廷尉、太傅。他亦为魏国的建立及强大立下汗马功劳，魏文帝曾称他为后世再难有继的一代伟人。魏明帝太和四年（230年），钟繇去世，曹叡身着素服，亲临凭吊。

钟繇的书法吸取了曹喜的篆隶、刘德升的行书、蔡邕的八分等各家之长，融会贯通后形成自己的风格。他兼善各体，尤其精于隶书和真书（楷书）。唐人张怀瑾在《书断》中称他："真书绝妙，乃过于师，刚柔备焉。点画之间，多有异趣，可谓幽深无际，古雅有余，秦汉以来，一人而已。"

胡昭，字孔明，颍川（在今河南省）人。自小重养志，不仕官，先后辞袁绍、曹操所任命的官职，自居山中，躬耕乐道，以博览经籍为娱。他以贤者高名闻达远近，贼寇亦约誓不犯其居住之地，相邻百姓因此得安。他和钟繇、邯郸淳、卫觊、韦诞等书法家齐名，"尺牍之迹，动见模楷焉"。《高士传》还载他与布衣时的司马懿有交情，时有人谋害司马懿，他以诚心感人，阻止了谋害行为，却始终缄口不言，司马懿本人都不知此事。嘉平二年（250年），胡昭以89岁高龄寿终。

在晋武帝时代，出现了索靖、卫瓘及稍后的卫瓘之子卫恒等书法家。

索靖，字幼安，敦煌（今甘肃省敦煌）人。他在少年时代即出类拔萃，与乡里的其他四人一起进入太学，驰名海内，号称"敦煌五龙"。傅玄、张华等名臣和索靖见了一面，都跟他结交甚厚。索靖曾官拜驸马都尉，出为西域戊己校尉长史。太子仆张勃上表晋武帝说索靖才艺绝人，宜在台阁，不宜远出边塞。晋武帝果然采纳，擢任他为尚书郎。许多年后，他才出任酒泉太守。

索靖和尚书令卫瓘在当时都以擅长草书而知名，晋武帝很喜爱他们。就两个人的特点而言，卫瓘书法的笔功胜于索靖，索靖则在楷法上远胜于卫瓘。

卫瓘的儿子卫恒，字巨山，曾任尚书郎、秘书丞、黄门郎等职。他擅长草书和隶书，并撰有《四体书势》，历述书法发展的过程，为书法理论的名篇。

晋武帝倡导书法艺术之功，最主要的兴许是在承前启后上面：它上承钟繇、胡昭，下启“书圣”王羲之及王献之，从而使东晋成为我国书法艺术史上最灿烂的时期之一。

史学也是晋武帝司马炎较为重视的一个学科。咸宁五年（279年）汲郡人盗挖战国时魏襄王墓，得竹简古书数十车。其中有魏国史书《竹书纪年》13篇，记夏朝以来至魏襄王事；还有《穆天子传》5篇，记周穆王游行四海事，其他各种书数十篇。竹书文字奇特，简札又错乱无次序，晋武帝下令由卫恒整理竹书，改写为今文。卫恒去世后，束晰完成整理工作，并作考证，《竹书纪年》和《穆天子传》于是得传于世。

司马彪根据《竹书纪年》驳斥谯周的《古史考》。谯周认为司马迁《史记》采百家杂说，所记周秦以上事多与正经不合，特做《古史考》25篇纠《史记》的谬误。

司马彪还撰写了《续汉书》80篇，以翔实见称。其中八志余述东汉制度，梁刘昭分八志为30卷，并为做注，附宋范晔《后汉书》。《后汉书》因此有“志”，和《史记》《汉书》相配。

司马彪，字绍统，是高阳王司马睦的长子。少年时代好学，可是贪色薄行，受父斥责，失去王位继承权。司马彪由此不与人事交往，专心学习，博览群书，后成著述。初拜骑都尉，泰始中年，任秘书郎，转丞。曾注《庄子》，做《九州春秋》。他写《续汉书》是感于“汉氏中兴，讫于建安，忠臣义士亦以昭著，而时无良史，记述繁杂，谯周虽已删除，然犹未尽，安顺以下，亡缺者多。”泰始初年，晋武帝祠南郊，他还曾上疏定议。光熙元年（306年），司马彪去世，享年60岁。

陈寿于泰始十年（274年）开始编著《三国志》。《三国志》是我国重要的一部史籍，记载了许多三国时期和以前的人物、事件。北魏的崔浩评价说："陈寿《三国志》，有古良史之风。其著述文义典正，皆扬于王庭之言，微而显，婉而成章，班、史以来，无及寿者。"

陈寿本是蜀国人，蜀亡后仕晋。处在司马氏的统治下，他的《三国志》以曹魏为正统，难免要触及司马氏夺权的史事，这弄不好就会招来杀身灭族之祸。他虽然有所顾忌，但还是"微而显"地写出了司马氏取曹氏而代之的过程，写出了司马氏成员的一些缺陷。如他记载夏侯玄等改革法度时，是借夏侯玄与司马懿讨论的机会将夏侯玄的观念详录下来的，使后人从曲折中看到了曹爽集团改革法度和司马懿不赞成的史事。

《三国志》的缺点是过于简略。宋裴松之作了注和补，征引汉魏以至六朝著述一百几十种；注、补首尾完整，并考订异同，补足了陈寿的简略，使《三国志》在正史中获得一席地位。

陈寿，字承祚，巴西安汉（今四川省南充市）人。少好学，他的老师是当时有名的史学学者谯周。陈寿成人后任蜀国的观阁令史，因不屈于黄皓专权，屡遭贬谪。晋灭蜀后，受司空张华喜爱，出任阳平令等。撰写《蜀相诸葛亮集》，上奏晋武帝，旋迁任本郡中正。待撰《三国志》，时人夏侯湛正著《魏书》，陈寿见，作罢。张华见书亦善之，再举任中书郎。后迁任长广太守，陈寿辞母老不就。杜预再向晋武帝举荐，由是被授御史治书。于晋惠帝司马衷元康七年（297年）病卒，享年65岁。

作为一部杂史、杂记、杂考之书，张华的《博物志》也值得赞举。该著述的特点是记载了不少故事性很强的非地理博物性传说，大大超出了《山海经》《神异经》等所载的内容范围。书中所记的杂考、杂说、杂物、杂事以前多散见于已遗失的各类古籍里，经该书采撷得以流传，可补正史之不足。

张华，字茂先，范阳方城（今河北省固安南）人。年少贫孤，牧羊为生，但学业优异，见闻广博；勇于赴义，救人之急，曾作《鷦鹩赋》寄托志怀，名士阮籍见后叹之为王佐之才，自此声誉渐起。司马昭将其任为长史，兼中书郎，朝议表奏，多被施用。晋武帝登位，拜张华为黄门侍郎，封关内侯。晋武帝甚异其才，几年后又拜张华为中书令，加散骑常侍。后来几乎拜张华为相，因人进谗未得。晋惠帝即位后，张华又有作为，但那时宫廷已乱，张华最终被诛，夷三族。

在西晋时代，其他文化门类如佛学、哲学、绘画、物理、天文、医学、地图学和地理学等，都有重要发展。唐代诗人杜牧有诗云："南朝四百八寺，多少楼台烟雨中。"佛寺的大量兴建，始于西晋，当时全国有42处，仅洛阳就有白马寺、东华寺、菩萨寺等名刹10处；哲学有名家杨泉及其著述《物理论》；绘画则有荀勖、王协、张墨等人，上承曹不兴，下启顾恺之；物理学有张华对共鸣现象的发现和荀勖对音律的研究；天文学方面，虞耸著有《穹天论》；医学有王叔和与他的《脉经》，皇甫谧与他的《针灸甲乙经》；在地图学与地理学领域，裴秀于晋武帝泰始七年（271年）创制《禹贡地域图》18篇，结束了以往制地图的原始状态，又做《地形方丈图》，《禹贡地域图》属历代地理沿革图，《地形方丈图》则是西晋地图。

总之，晋武帝司马炎在位期间，行较为疏松的礼法，以他的亲身倡导或予以重视，促进了文化的发展，对承传和开启其前与其后的文化事业，做出了一定贡献。

洛阳纸贵

西晋是群英荟萃的年代。

平吴后的太康年间，政治和社会都比较稳定，文人学士争着歌功颂德，作品盛极一时，后人称为“太康文学”。代表人物有一左（左思）、二陆（陆机、陆云）、两潘（潘岳、潘尼）、三张（张载、张协、张亢）。

平吴后的第三年，洛阳的人们争着买纸。原来是一个叫左思的人，写了一篇长达1万多字的《三都赋》，大家都说写得好，于是纷纷传抄。当时的纸张产量不大，再加上许多人买纸抄赋，引得纸张奇缺，纸价飞涨，纸商发财。

这就是著名的成语——“洛阳纸贵”的出处。

这左思是个什么样的人呢？别看《三都赋》写得美轮美奂，辞藻壮丽华瞻，读来铿锵有声。但它的作者左思长得却是又怪又丑，并且是个结巴。

左思是山东省临淄人，母亲早亡，父亲是个小吏。他小时候资质一般，虽然学过书法、音乐和兵法，但都没有什么成就。年龄稍长时，左思去了一趟古代齐国的都城，对于历史上国家的兴亡感触很深，回来后用了一年时间写了两篇《齐都赋》。

左思这篇文章赢得了亲友们的称赞，多年没听到过鼓励的左思很受鼓舞。于是，左思想在《齐都赋》的经验基础上，再把前朝魏、蜀、吴三国都城的情况写成一篇《三都赋》。

后来，晋武帝听说左思的妹妹左芬是个举世无双的才女，便把她召进皇宫封为修仪，后来又进为贵人。左思因为这层关系，得以随迁京城，进了图书馆，当了一名管理图书的秘书郎。这样，左思就可以随心所欲地阅读有关这三个都城的资料了。在那个资讯不发达的年代，这些资料的可贵是不言而喻的。

花了整整十年，左思字斟句酌、心血耗尽，终于写成了《三都赋》。

《三都赋》是由《蜀都赋》《吴都赋》《魏都贼》三篇独立而又相关联的赋组成。赋中虚拟三个人物：东吴王孙、西蜀公子、魏国先生，通过他们相互之间的诉说，描绘三个名都的面貌。赋中记述了大量当时三地的真实图景，“贝锦斐成，濯色江波”；“旁挺龙目，侧生荔枝（后世以‘侧生’为荔枝的别称即源于此），布绿叶之萋萋，结朱实之离离”。可谓结构巧妙、文采华瞻。

《三都赋》问世之初，并没有引起人们的重视，于是左思开始炒作，找到著名学者皇甫谧去品题，皇甫谧为《三都赋》作了序；又请著作郎张载为《魏都赋》作了注解，请中书郎刘逵为其他二都赋作了注解，请尚书郎卫权为《三都赋》作了《略解》。

这样一来，《三都赋》立刻蜚声文坛。司空张华读后赞叹说：“此赋完全可以同班固的《两都赋》、张衡的《西京赋》媲美。”张华位尊权重，他这么一说，原先看不懂、也不重视《三都赋》的豪家贵室们就开始竞相传抄了。

《三都赋》轰动一时，但其水平并不像当时人们所传言的那样震古烁今，形式上并没有摆脱辞藻堆砌、实则空洞的文人雅士的俗套，因此在文学史上的评价并不高。就像一些诗词，立意上是“为赋新词强说愁”，都是个人的小情调、小感觉。用词上也互相沿袭“帘、钩、玉、暖”之类的套话，文青中互相吹捧一下尚可，但对社会启蒙丝毫无用。

左思作为一个文人，以《三都赋》成名当世，但后代留传的作品却不是这篇长赋，而是他抒发自己既怀才不遇，又不愿攀附献媚的诗歌。

当时的门阀制度极严，出身寒微的人在仕途中往往受到压抑。晋武帝在选拔和使用人才方面，沿袭了曹丕时创立的“九品中正”制，把有才能的人分为九等，按这个级别委派这些人做官，但评定等级、推荐官吏的大权，全都掌握在所谓的名门望族手中。因而评定等级的真正标准不是才能的大小，而是门第的高低。

于是就出现了这样的现象：刺史在没有离任的时候，早早提拔自己的儿子当了副将，副将们也以此类推。并且为避人耳目，各刺史、各将官之间还要互相串换，我提你的儿子，你提我的侄儿，真正有才的人呢，也不是不用，让他们给咱们的孩子当狗、当牛。

许多大臣看到了这个弊端，都向晋武帝指出过“九品中正”制对国家的危害。但晋武帝是靠世族大家的支持才上台的，怎么能砍掉“九品中正”这个维护世族大家利益的用人方法呢？

左思的父亲虽然当过官员，妹妹还是晋武帝的贵人，但本来的门第实在低微，因此许多适合他的重要官职都没他的机会，后来的左思同皇室权贵们越来越疏远，最后郁郁不得志而病死。

地理奇才

有史以来，祖孙三代分别在三个朝代做同一职务的大官极为罕见，裴家正是如此。尚书令裴秀，他的祖父做过东汉的尚书令，他的父亲做过魏国的尚书令，他自己做了晋初的尚书令。

在东汉，尚书令直接对皇帝负责，是总揽一切政令的首脑官员，相当于如今的首相或者总理。

裴秀家学渊源，为人忠厚，但官场倾轧，晋武帝最终把他调为官位虽高，但实权不大的司空一职。司空的职责之一就是掌管各地的道路。

古时也有各地的地图，但中国没有精确测绘的传统，更没有精密计算的学术，所以当时的地图没有经纬度，没有比例尺。

裴秀曾经跟随司马昭打过仗，由于地图不靠谱，吃了很多苦头，深受其害。地图上明明标得很近的地方跑了几天却见不到踪影，地图上没有山、没有水的大平原，真正走起来却往往沟壑纵横，大河奔涌，耽误了不少战机。于是，裴秀决心改革地图，不让这错误百出、胡编乱造的伪科学流传下去害人。他首先运用了简缩的技术，用“一分为十里，一寸为百里”的比例尺，把足球场大小的地图缩成了乒乓球台大小。

在裴秀的主持下，朝廷图籍库中的官员群策群力开始了这项工作。裴秀提出了绘制地图的六个基本要素，即比例尺、方位、交通路线的实际距离、地势起伏、地物形状、倾斜缓急。这些都是世界地图学史上划时代的新创造，除了没有现在的经纬度和等高线外，已经包括了现代化制图的基本要素。

裴秀和当时的许多名士一样，喜欢服用寒食散，这是一种有致幻作用的毒品。裴秀48岁那年，服用寒食散后身亡，这位世界地图史上的大师就这样把生命轻易断送。

《世说新语》上说：“服五石散，非唯治病，亦觉神明开朗。”由于操作程序复杂，许多贸然使用的人都深受其害。只有皇甫谧例外，他靠着毅力和智慧，不仅成功地让自己从寒食散的毒害中解脱了出来，还成了一位名传千古的针灸大师。

针灸大师

皇甫谧年幼时不爱读书，喜欢舞刀弄枪，大人苦劝也无济于事，到了十七八岁，还是整天不务正业。在20多岁的时候，皇甫谧终于幡然醒悟，痛感以前的自己真是愧对家长的苦心，更愧对了前贤们积累的文化知识，于是开始发愤读书。

少年时成天舞刀弄棒的皇甫谧，生龙活虎的一个小伙子，到了35岁前后，却开始疾病缠身，连年不断地犯疟疾，42岁又得了风湿，半身不遂，右腿逐渐萎缩，常年卧床。此时的皇甫谧反倒更能安心读书了，在床上躺着读遍了所有能接触到的书籍。他以爱读书、多读书而成名，世人称为

“书淫”。50多岁时，皇甫谧已经无书可读了，只有皇宫中还有皇甫谧未曾读过的书，于是皇甫谧大胆向晋武帝借书看。当时的皇甫谧已经以博学蜚声天下，晋武帝为了笼络名士，很大方地送了一车书给他。

皇甫谧长期有病，为了把身体调理好，听人劝服用了寒食散。这下可受了大害，四肢酸重水肿，整日咳喘不停。三九隆冬，别人穿棉衣尚且嫌冷，他却要脱光衣服甚至躺在冰上，嘴里还要嚼冰才能舒服一些。痛苦折磨得皇甫谧几次要寻死，所幸都被人拦住了。

自杀不成，就得想办法自救，但多少名医对皇甫谧的病都无计可施。为了摆脱病痛的折磨，皇甫谧开始自己学医，把如同天书的古代医学著作翻了个遍。浑身越痛，他学医越狠，一个字一个字地钻研。最早他是躺在床上，请人读书给他听，后来疾病蔓延，耳朵又聋了，他只好把这些书强行背诵到脑子里，细细琢磨。慢慢地，皇甫谧开始给自己配药方，服下去居然不死，病体甚至小有起色。

皇甫谧受到了鼓励，又开始对针灸展开了研究。为了记忆体会繁杂古奥的经络穴位，他根据古代医书的经络原理，用针在自己的身上试扎，有时一针下去就把自己扎晕了，这也没能阻碍他继续学下去的决心。

经过七年的生死搏斗，寒食散所造成的病痛被皇甫谧逐渐拔除，他居然能下床行走了。到了晚年，皇甫谧的针灸医术越来越精湛，历代相传、浩繁芜杂的经络穴位，在他脑中形成了清晰的脉络。他去伪存真、去粗取精，写成了针灸学专著《针灸甲乙经》。直到现在，这本书也是针灸从业者深造用的经典。自6世纪开始，朝鲜和日本的医生就把此书列为学医的必读书目。

皇甫谧还是一位史学家，曾经著述了《帝王世纪》《年历》《高士传》《玄晏春秋》等书。后世学者如果能著出其中一部，就足可傲视同侪，而这些史学著作，不过是皇甫谧用学医之余力所作而已。

皇甫谧名满华夏，晋武帝多次请他出来做官，但他都推说自己年老有病，不肯应召出仕。

皇家学者

西晋短暂的历史中，司马氏皇族之间的互相残杀非常残酷，兄弟相残、叔侄互杀的事情始终没有断过，读那段历史让人对亲情的淡漠感到不寒而栗。但是司马一族却出了一位了不起的学者，这人就是晋武帝司马炎的堂弟——司马彪。

司马彪年轻时好色如命，品行比《水浒传》里的高衙内好不了多少。好在尽管当时政治专制，但一些受儒家礼仪教育的官员还保持着比较公正的品德。尽管司马彪是个皇族，但由于行为太过放荡，还是被廷尉抓进了牢房。

领军校尉郭舒看到司马彪虽然淫邪放荡，但才气纵横，不禁起了惜才之心，竟然悄悄把他放了。结果郭校尉被免职，司马彪被抓了回来，难兄难弟一起吃了官司。后来逢了大赦，哥俩才一起获释。

司马彪的父亲原先是中山王，后来又晋封为高阳王。因为这个逆子太给他丢脸了，气得他要断绝父子关系。正好高阳王的弟弟没有儿子，为了免予太伤父子和气，高阳王就把司马彪过继给弟弟当儿子，变相地将他扫地出门。司马彪本是高阳王的长子，日后是可以继承高阳王王位的，这下就丧失了世袭王位的权利。经此打击，司马彪受了刺激，整天把自己关在家中，足不出户，博览群书了。

读书就有这样的魔力，一个本来放荡不羁的浪子，一旦扎进了书籍的海洋，心灵就得到了真正的安宁和欢乐，从此忘记了世界上如花的美女，“书中自有颜如玉”这句话最适合司马彪。

几年下来，司马彪写了《庄子注》《九州春秋》等著作，然后又把精力转入了《续汉书》的写作，共写了80篇。原书有纪、传、志三部分，但前两部分都因战火散失了，只传下了30卷的志。北宋的时候，范晔写《后汉书》，就将司马彪所著的这30卷的志合进了自己的作品。后人以为《后汉书》都是范晔一人所著，其实司马彪是这部重要史学著作后的无名英雄。

司马彪另一个更重要的成就，是根据“汲冢竹书”来校订古书。

279年，汲郡一个盗墓贼挖掘了战国时魏襄王的墓，偷走了许多珍宝。盗墓者最可恨的并不是盗走财宝，而是破坏古墓中的文物。许多无价之宝散落在了墓道中，那就是多达几十车的竹书。战国时期还没有发明纸，都是把文字写在竹片上，再用牛皮绳把竹片按次序连起来。

在汲郡发现的这些竹片书每片长二尺左右，上面写有46个字，加在一起有几十车之多。这是历代发现竹简最多的一次，相当于发现了一个春秋战国时期的图书馆。可惜的是，盗墓人为了照明搜寻珍宝，把大量的竹简当成了火把，不少文字就那样灰飞烟灭了。再有就是这些竹简在地下埋藏了几百年，拴竹简的牛皮都腐烂了，再经过反复搬运，就完全散乱了。

发现这些无价之宝后的第二年，这些竹简被运到了洛阳，立刻成了皇家藏书馆中的珍贵文物，由荀勖、卫恒、束晰、王接等人对这些竹简进行文字识别和整理工作。这项工作太艰巨了，顺序混乱、文字古奥、残缺不全，一群博学鸿儒用了十多年时间才算基本整理完毕。整理者中最负盛名的是束晰，他自幼好学不倦、博古通今。在他没有当官的时候，有一年家乡大旱，由于他懂得天文气象，预料到近日将会有雨，就假装设坛求雨，不到三天，果然大雨倾盆。束晰因此得享大名，奠定了当官的民意基础。

汲冢竹书整理出来之后，司马彪敏锐地发现，竹书的纪年要比许多所谓经典的古书年代久远，因此，如果用汲冢竹书来校订古书，定能勘出许多古书的谬误。比如汲冢竹书中有《竹书纪年》13篇，记载了夏朝到周幽王为犬戎所灭，以及赵、韩、魏三家分晋后20年魏国的政事。用这13篇去校对《春秋》，就发现后者的许多错误。

因此，司马彪借汲冢竹书之力，勘误了《史记》《上古史》等史学著作中的大量错误，为订正古史作出了重要贡献。

博闻强记

有个成语叫“比上不足，比下有余”，最早的出处是张华的《鷦鷯赋》，赋中形容鷦鷯这种小鸟“上方不足而下比有余”。

魏晋时的老庄之学很盛，“竹林七贤”就是这一门学问在当时的代表。张华也不能例外，他学老庄最著名的成就是一篇《鷦鷯赋》。

鷦鷯（音“交辽”）是一种小鸟，“巢林不过一枝，每食不过数粒”，其羽一无可用，其肉也非美味，随遇而安，自得其乐。雄鹰因为擅猎而被人驯化，鹦鹉因为能言而被人囚禁，鷦鷯却因为一无可用，得以自在逍遥。

张华用鷦鷯宣扬的知足常乐和洁身自保的观念，与庄子的保命哲学如出一辙，但是不久，张华就被推荐到了朝廷中，先任魏国的中书郎，晋开国后，又拜为黄门侍郎。这个结果，应该与他的岳父有些关系。

张华的记忆力特别强大，简直就是过目不忘，世人凡有所问，无不对答如流。张华还博闻强记，更难得的是在那个年代他懂得不少科学道理。有户人家有一个铜盆，早晨和晚上不敲自鸣，大家都以为有了妖怪，张华说：“哪有什么妖怪？这是因为皇宫里有一口钟，厚薄和这个铜盆一样，宫里每天早晚要敲钟，振动频率和这个铜盆一样，所以它也跟着响，这叫作共振。如果把这个铜盆锉薄一些，它就不会再响了。”铜盆的主人将信将疑，试着把铜盆锉薄了些，果然从此再没有响过。张华的名声因此而传开了。

张华一度被荀勖、冯紞这两个家狄陷害排挤，失掉了官位，一直闲在家中。小人陷害反倒成全了张华，他趁这个机会，把过去搜集到的许多珍贵奇异的资料和荒诞离奇的传说，整理为《博物志》四百卷，可谓开志异文学的先河。

真正有才能的人就是这样，小人对他的打击和排斥阻碍的仅仅是他的仕途，但在学术作品上，反倒成全了他。

张华不是士族出身，所以对其他庶族中有才华的人也没有排斥情绪，愿意给他们展示才华的机会。撰写《三国志》的陈寿就是得他照拂的人之一。

陈寿在原来的蜀汉因为不拍宦官黄皓的马屁，而屡屡被谴责排斥。陈寿的父亲去世后，按当时的礼法，父母死后三年不得接近女性，但陈寿因病叫一个婢女为自己调药，被人看到了，传扬开来，立刻被当时的道德愤青们痛加谴责。以致改朝换代多年后，陈寿也不能出仕为官。

张华大胆推荐陈寿担任著作郎，使他得以完成巨著《三国志》，陈寿病死后，张华又派人到陈寿家誊写这部巨著。《三国志》流传后世，张华居功至伟。

第八章 民风奢靡　攀富比贵

太康后期，随着政权的稳定和社会经济的发展，整个统治集团奢靡成风，再也无法控制，不单石崇、王恺这样的大臣竞相斗富，就连司马炎自己也改了当初勤俭的习惯，日子越过越荒唐。

门阀制度

西晋政权是世家大族的政权，在这一时期，门阀制度进一步确立起来了。所谓门阀，就是阀阅门第。我国古代贵族官僚家的大门外有两根柱子，左边的叫“阀”，右边的叫“阅”，常常用来张贴本户的功状。阀阅成为达官贵人家的一种标志，因此，后来那些世代做官的人家，又称为门阀。门阀制度就是按门户等级严格区别士族与庶族在政治、经济、社会和文化上的不同地位，以维护高门贵族特权的等级制度。

门阀制度的形成有一个过程。西汉晋武帝以后，出现了两件影响深远的事：一是大土地所有制发展；二是儒家被定于一尊，儒家经籍如《尚书》《春秋》等成为官学。一些大地主与儒学相结合，就可以世世代代做官。他们被称为“士族”或“世族”。“士族”是指他们掌握儒学及文化知识，“世族”是指他们世代做官。东汉以后，“选士而论姓族阀阅”，一批累世为官的世家大族开始形成。如弘农杨氏、汝南袁氏都是连续四代有人担任“三公”的大官。魏晋以后，地主阶级中高门士族与寒门庶族的等级区别进一步确立。那时的政治，通常称为“门阀政治”。

在门阀制度形成的过程中，曹丕建立魏国时推行的“九品中正”制起了重要作用：“九品”即士人分为九等，“中正”是评定士人的官，多由世家大族担任。因此，“九品中正”制成为士族地主巩固其政治特权的有力工具。当时，家世是定“品”的唯一标准，所谓“计资定品”，就是以门资（门第的高卑）、官资（父祖的政治地位）作为决定品弟的依据。世家大族利用这一制度垄断了政府的重要官职，形成了“公门有公，卿门有卿”的世代相传、等级森严的门阀制度。

门阀士族除了政治上世代为官这一主要特权外，还有两种特权：一是经济上可以按官品占田和本人及家属、衣食客、佃客等免除赋役的特权；二是逍遥法外权。西晋王朝对士族犯罪每从宽惠，不论定罪和量刑都另立标准。士族犯罪，按照“八议”，即按照其特殊的地位和身份，可以减刑或免刑，或者用金钱来赎罪。所以后来东晋的熊远说：“举贤不出世族，用法不及权贵。”

门阀制度形成以后，高门士族被认为是最高贵的特殊等级，他们被称为“著姓”“名族”（因历世著名）、“望族”（负有名望）、“冠族”“衣冠族”（家世衣冠）、“高门”“盛门”“士流”（先世有官位）、“郡望”“郡姓”（世居某地为当地所仰望）、“右姓”（古代以右为上），等等。另外一些没有特权的人便被称为“庶族”“次门”“役门”“后门”等。士、庶之间社会地位和身份完全不同，有不同户籍，不能通婚，不能同席而坐。

放荡奢侈的生活，必须花费大量的钱财。世家大族们个个都不择手段地弄钱，从皇帝开始，就卖官晋爵。有一天，晋武帝问大臣刘毅：“卿看我可以比得上汉朝的什么皇帝？”刘毅是个敢说敢讲的直臣，答道：“可比桓、灵。”桓帝、灵帝是东汉有名的昏庸皇帝。晋武帝很不高兴，说：“不至于这样吧。我平定东吴，统一全国，勤恳治理国家，怎么去同桓帝、灵帝相比？”刘毅并不让步，说：“桓帝、灵帝卖官，钱入公库，陛下卖官，钱入私库，这样看来，你恐怕还不如桓、灵。”晋武帝虽然听了

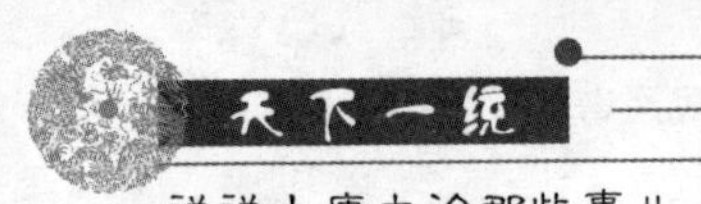

不痛快，但刘毅讲的确是事实，没法抵赖。他还是够聪明的，随即哈哈大笑说："桓、灵在世，没有人敢这么说话，我的朝廷里有你这样的直臣，说明我还是比他们高明。"这话一讲，就体面地下了台。在一旁被刘毅的话吓得一身冷汗的大臣们，赶紧齐声颂扬，又把晋武帝捧得晕头转向。

门阀贵族们爱钱如命，针对这一特点，一个南阳人鲁褒写了一篇讽刺诗《钱神论》，其中说道："钱之为体，有乾坤之象，内则其方，外则其圆……亲之如兄，字曰孔方（铜钱中有一方孔）。失之则贫弱，得之则富昌……无德而尊，无势而热，排金门而入紫闼（皇帝的宫廷），钱之所在，危可使安，死可使活；钱之所去，贵可使贱，生可使杀。是故愤争辩讼（打官司），非钱不胜；孤弱幽滞，非钱不拔（升迁）；怨仇嫌恨，非钱不解；令闻笑谈，非钱不发。洛中朱衣（王公贵人），当涂之士（朝士），爱我家兄，皆无能已，执我之手，抱我终始，凡今之人，唯钱而已！"

正当西晋的门阀贵族们纵情声色、纸醉金迷的时候，有一个头脑清醒的大臣傅咸已看到了问题的严重性。他在上给皇帝的奏疏中说："奢侈之费，甚于天灾。"是的，天灾是有限度的，奢侈风气造成的危害却是无止境的。权贵们无限制地压榨人民的血汗，终究要遭到人民的反抗。

三次选妃

司马炎登基不久，就下诏在全国范围内进行选美，这事不仅劳烦了晋国的行政系统，还平均到每个郡县都要积极参与，“取良家及小将吏女五千余人入宫选之”。一时间选了这么多姑娘进宫，这宫里的日子能是好日子吗，预感到自己命运悲惨的老百姓都失声痛哭，“母子号哭于宫中，声闻于外”。

一声“接旨”，把护军并兼任散骑常侍的胡奋吓了一跳。他知来者不善，善者不来，不敢怠慢，赶紧整装束带出迎使节。

前些日子，胡奋已接过晋武帝的一道诏书。诏书让他把女儿胡芳送往京师洛阳，供当今皇上采择以备六宫。胡奋自从送女儿去后，心中一直忐忑不安。他本有一子一女，但子早已亡故，唯余女儿胡芳，他与夫人将这女儿视为掌上明珠，格外疼爱不说，亦指望她能为自己与夫人百年之后送终守门。

晋武帝大弘俭约，连牵牛缰索的小事都注意到了，主张以麻代丝；并罢建七庙，减轻百姓劳役；改革屯田制，推行占田制；劝课农桑，体恤民情，赈济灾祸；又修订律令，颁行天下。这一切颇显示出励精图治的抱负，国家也因此渐渐出现繁盛景象，故朝野上下，对晋武帝多怀拥戴之心。可是偏偏在后宫生活上，又步商纣、秦皇后尘，弄得家有姝丽的公卿们不得不养女深闺，避人所知，免得被四处查访的宦官们召送京师待选后宫。胡奋更是如此，将膝下唯一的女儿置于高墙深院之中，所以几年来未被查访的宦官们知晓召送。

哪知至泰始九年，晋武帝又下诏言公卿以下有女者若蔽匿、不让查访，宦官知晓选送，就以不敬论罪。“不敬”当然是委婉说法，直言就是欺君，这是谁都不敢担待的。胡奋的女儿胡芳由此为宦官们查访到，并初选入围，送去京师待进一步择选。胡奋夫妇深知女儿虽有姿色，但脾性倔强，口无遮拦，于是总是怀有落选的一丝希望。

诏旨一到，胡奋知道事情不妙，他急忙来到厅堂跪接诏旨，果然使者宣诏说他的女儿胡芳已被晋武帝选入后宫，策拜为贵妃。

胡奋接完诏旨，送走使者之后，再也捺不住悲伤，哭着说："老奴不死，唯有二儿，男儿九地之下，女上九天之上。"

话说胡贵嫔在入宫之初，就显示了与众不同的一面。当年选美比赛，"自择其美者以绛纱系臂"，胡芳因为长得还不错，也入选了，正在别人都屏住呼吸等候选拔的时候，胡芳却"下殿号泣"，不知道为什么就大哭不止。左右人赶紧制止她，吓唬说："陛下闻声。"这要是让司马炎听见了，人家怎么想？胡芳天不怕地不怕，说："死且不畏，何畏陛下！"正是这么一个女人，还足够聪明，所以能在万人的后宫中几乎享受着专宠的待遇，可见她也的确会笼络帝王的心。后来的事情表明，胡贵嫔靠着自己的实力吸引了夫君司马炎的心，还成功威胁到了皇后的位置，杨艳皇后死前为了对付胡贵嫔，不得不推荐自己的妹妹进宫服侍司马炎。

晋武帝在这次的"选美"中规定，公卿之女为三夫人、九妃，两千石俸禄的官员及将军、军校等的女子补良人以下。

这次"选美"虽由杨艳皇后"严格"把持，但仍选得数十人备后宫。除了胡奋之女胡芳外，还有司徒李胤之女、廷尉诸葛冲之女、太仆臧权之女和侍中冯荪之女等。

这样先后择选了几十名美女充补后宫，晋武帝仍嫌不足，第二年，也就是泰始十年三月，又下诏选良家及小将吏女5000人入宫选之。

5000人的"选美"，其规模可想而知。想来不可能再由杨艳皇后一人主断，何况4个月后，杨艳皇后就病逝了，众所周知，这次"选美"，显然须调动"多方面的积极性"来进行。

但不管晋武帝采用何种方式来进行这次"选美"，遭殃的自然是这

5000女子及其父母亲人。

早在前几年，各州郡以及京师的名家盛族子女为避免被选入宫，多故意身穿粗陋衣服、不施脂粉以丑其容，有的甚至节食去药，以显出和保持病容，来避免被四处寻访美女的宫中宦官们选中。而一般的良家子女和小将吏的子女没有想到“选美”竟然能选到她们头上，更没有想到晋武帝的“胃口”有这么大，于是平时没有注意像名家盛族子女那样采取“自戕”式的防范措施，结果被陡然奉诏而来的各路“选美”者选中，大批大批地送往京城。

有数千佳丽充塞后宫，供其肆意淫乐，可是淫欲之壑和占有之壑无法填平的晋武帝并不满足，仍然朝思暮想扩大他的后宫队伍。然而又要美姿动人，又要贤淑有德，还要门第光彩，更为重要的是还须年轻处女，这些佳丽再从哪里来呢？在当时的人口当中，具备上述条件的女子恐怕该选的都被选了出来，该送的都会送到宫中，“美人资源”毕竟有限，非采之不竭、用之不完的水土山石。

简单来说，司马炎在灭吴之前，还算得上是一个有为君主，在物质上也没什么要求，厉行节约，连牵牛用的是青丝还是青麻这样的小事情都要较真，起到了很好的模范带头作用。灭吴以后，他觉得四海升平，实在是闲的没什么事情干，索性好好享受吧。

孙皓亡国了，自然不能继续享有帝王的待遇，各方面供给都要减少，包括女人。但是孙皓经营了数年，后宫佳丽五千，江南多美人，这数量庞大的后宫怎么处理呢？司马炎一想，不是说天下臣民吗？吴王的后宫也就成了自己的后宫，于是顺理成章地把孙皓通过各种途径找来的女子悉数收入囊中。

平吴，统一全国，是晋武帝司马炎一生所为的顶点，也是他政治上步入平庸的开端。自此他在极端荒淫的生活中耗尽了自己生命的最后10年。

晋武帝到底又是世儒家族出身，懂得要追求风雅，当初秦始皇坐雷霆震动的由高头大马牵引而四出寻芳的巨型宫车不为其所取。他眉头一皱，设计制作了一种由数头强健而又驯顺的公羊牵引的舒适小巧车辆，成日乘坐着这种吱呀如奏乐的羊车，周游于十里后宫。由于心怀群芳簇拥，不知欲采和先采哪朵，他干脆免去劳神，任凭羊车所之，但待羊车驱向哪里、停在哪里，他就就地取“材”，同所遇的佳人姝丽欢乐一番。这样一有顺其自然的心灵自由，二也可避免人为的群芳争宠局面的出现。

总之，就从泰始十年晋武帝又诏取良家及小将吏女5000人入宫算起，再加上平吴之后所纳原吴主孙皓宫中5000名宫女；这一万姝丽侍晋武帝则从太康二年算起，晋武帝此后共活了不到10年；10年不过3650多个日夜，就算羊车每天所至之处没有重复，满打满算不过有3600多人能够和晋武帝得见一次，剩余的人则终身孤守空房。

奢侈成性

历览前朝家与国，成由勤俭败由奢。

大晋帝国成立时，晋武帝也是崇尚节俭的，在满朝文武面前烧过一件当时最名贵的服装“雉头裘”，这是太医院医宦程据献上来的。这件全部用野雉头毛制成的衣服，是稀世珍宝，百官们看了既赞叹，又感到可惜。被后世帝王们津津乐道，以此作为王者节俭的榜样。

但是平定了东吴之后，晋武帝司马炎就变得颇为不同。有一次他召大臣满奋来说事，满奋坐在那里浑身抖个不停，晋武帝问他怎么了，满奋指指窗户说："小臣怕冷怕风，您这窗户也不让人糊上纸，冷风都进来了，所以就浑身打冷战。"

晋武帝哈哈大笑，让他去摸摸窗户，告诉他这是琉璃，保暖效果比糊窗纸强多了。满奋过去用手一摸，果然那窗户被琉璃封得严严实实的，根本没有冷风进来，身上顿时暖和起来了。于是，满奋讪笑着说："吴地有一种水牛，怕热，见了太阳就吓得喘，半夜里醒来看到月亮，当是太阳，也吓得直喘。小臣没有见过这透明玻璃，以为有冷风进来，不就是吴牛喘月吗？"从此，"吴牛喘月"也成了一句成语。

那时的琉璃可是稀罕之物，价比黄金，有一两颗琉璃珠就可以让富豪之家当成镇宅之宝，晋武帝竟然给王宫的窗户安上透明雕花琉璃，可见他享受起来是不管不顾的。

首富石崇

上梁不正下梁歪，晋武帝那样奢侈，下面的官员们也是争着把斗富当成了风气，唯利是图、挥金如土，在自以为成功且上流的人生中，为自己挖掘着坟墓。

石崇就是一位这样的人士，石崇的父亲是开国元老、司徒石苞。石苞临死前分配遗产，分文不给小儿子石崇，说他自有生财之道。果然，石崇充分利用老爹的官场资源，很快就走上了官场。后来，石崇又在平定东吴时立了战功，先后当了安阳乡侯、散骑常侍、侍中等官。

石崇的发财之道用“不择手段”来形容毫不为过。他曾经派亲兵化装成恐怖分子，去抢劫豪贾巨商，把他们的财富直接划归己有，甚至，这些恐怖分子还去抢劫外国使者送给晋武帝的珍宝。

官权、匪力，双剑合璧，石崇转眼就成了财富排行榜冠军。

臣子是什么样的人，当皇帝的不是完全不知道，但只要没有政治错误，皇帝更愿意信任利欲熏心的下属，这样的人好使唤。于是石崇被召进朝廷，拜为太仆。

在石崇入朝当太仆之前，洛阳首富是王恺，此人是晋武帝的舅舅，自然是权势熏天，富可敌国。但石崇一来到京城，立刻就让王恺黯然失色了。具体体现在三件小事上：第一件，石崇家来了客人，厨房当场把豆子和大米一齐下锅，一会就端上来美味的豆粥。做过饭的人知道，那豆子是很难煮的，一同下锅时，大米煮得稀烂了，豆子都嚼不动。王恺的大厨们想尽办法也做不到石崇家那样。第二件，石崇家即使在三九天，也能端出绿油油的新鲜韭菜来。冬天里韭菜是不生长的，要知道那个年代没有塑料温室大棚。第三件，当时的富豪出行都坐牛车，王恺家的牛外观上远胜于石崇家的，但他俩并车出发，一会儿工夫就被石崇的牛车把他落没影了，拼命追赶也是望尘莫及。

在住的方面，王恺的房间用赤石脂抹墙，这是一种药材，在当时贵重得很，抹在墙上红润细腻，非常好看。石崇用的是花椒，把花椒和在泥里来抹墙。当时的花椒全靠进口，极为昂贵。这样的墙保暖性好，并且常年香味沁人，那时只有皇后的卧室才是这样的“椒房”。

权贵们出行也不一样，后世是由下属给打伞，那时却是在道路两边摆设类似屏风的步帐。王恺出行用绿色的绫裹着紫色的丝布做步帐，长度可达40里。光是运这些步帐，恐怕就得一个运输团。石崇却是用五彩缤纷的织锦花缎做步帐，长度50里。

老百姓们衣不遮体，这两个狗官却这样糟蹋好布。糟蹋些财物也不算罪大恶极，罪不可赦，但是他们拿人命也根本不当回事。

王恺请客吃饭，酒宴上有美女吹笛助兴，如果不小心吹错了一个音符，就会立刻拉到阶下打死。石崇宴请宾客，每次都要百十个美女歌舞劝酒，如果哪个客人不干杯，那个劝酒的美女就要被杀头。有一次，太子舍人王敦故意不喝，石崇眉头不皱，一连杀了三个美女。

就是这样的一群人统治着那个朝代，但是这样的贵族一般只具备两条，财富和权贵。而缺少文雅的贵族，就是现在所说的暴发户，他们的可怕之处在于只迷信金钱的作用，无视文明文化。

那位故意不喝酒，激惹石崇连杀三个美女的王敦，是当朝驸马，晋武帝的女儿襄城公主的丈夫。虽然自己家也有钱，但他在初入皇门的时候也闹过没见识的笑话。

有一次他在公主的寝宫上厕所，看到旁边有一盆香枣，吃了一粒觉得滋味不错，一边方便着一边把一盆枣都吃光了。后来才知道，那枣子是怕上厕所的人嫌臭，用来塞鼻子用的。

出了厕所，宫女们又端上一碗洗手用的“澡豆”，他又当是点心，抓了一把就扔到嘴里，闹了天大的笑话。

石崇的厕所比皇宫还要豪华，散骑常侍刘某做客他家时上厕所，一看全是锦绣帐幄，还有美女捧香侍立，以为进了女眷内室，吓得赶紧退身出来，连连道歉。其实他没有看到厕所里还有各种尺寸的锦绣衣服，客人进了厕所，要把旧衣服脱得精光，出来后里里外外换上新的。十多个美女手捧沉香汁、甲煎粉等名贵香料，轮番为客人擦洗侍候。

王恺同石崇多次交手，都没有占到上风。晋武帝为这位舅舅撑腰，送给王恺一株约二尺高的珊瑚树，那在当时可算是奇珍异宝了。王恺扬扬自得，特意带着这件宝贝到石崇家去显摆。

他哪里知道啊，石崇进京之前就派人装成强盗劫过外国献给晋武帝的贡品，晋武帝宫中的宝贝都是他劫掠过后看不中的下脚料，于是，他的珊瑚树当时就被石崇砸了。

王恺急了，要跟石崇拼命。石崇微微一笑，叫家人从库房里搬自家的珊瑚树出来，让王恺随意挑选。三四尺高的就有六七株，光彩夺目、富丽堂皇。晋武帝赏给王恺的只能当个孙子辈儿。

经过这次较量，人们才知道，石崇家的奇珍异宝，多如瓦砾，他视之如粪土。

王济射箭

辛弃疾词：八百里分麾下炙，五十弦翻塞外声，沙场秋点兵。

“八百里”不是路程，而是一条牛。此牛一口气能跑几百里地，通体光亮的黑毛，两只角和蹄子更是漆黑铿亮，叫做八百里㸷。㸷是古代神话中的一种猛兽，以虎豹为食。

“八百里分麾下炙”的意思是说男儿豪迈，把八百里㸷这样的神牛杀了烤着吃。辛弃疾此处只是比喻，不过，还真有人烤着吃过八百里㸷，这人就是晋武帝的另一个驸马——王济。

国舅王恺斗富斗不过石崇，只好找他认为比较软的人去比富。有一次，他看到了驸马王济，就跟王济吹牛。原来，当初他和石崇比赛牛车输了，就拼命去各地搜寻好牛，还真让他遇到了，王恺给它取个名字就叫“八百里胶”。

王济看不起这个草包国舅，存心要他好看。当时人们喜欢比射箭，王济向王恺挑战，说如果自己输了，给王恺1000万钱，但如果王恺输了，就得用八百里胶顶账。先中靶心者为赢。

王恺早知道王济箭法很臭，心中一盘算，射支箭的工夫，就能赢这小子1000万钱，不禁喜上心头。

但是王恺不知道，王济比较好学、请名师专门学过箭法，并且待着没事又勤学苦练，如今的水平几乎是百发百中了。

在射箭场上，王恺自以为胜券在握，便摆个高姿态让王济先射，心里光盘算那1000万钱怎么花了。没想到，王济出手如风，一箭就正中靶心，没给王恺留一点儿悬念。

王济把弓箭一扔，对着随从大喊一声：“快把牛心给老子挖出来，炒炒下酒！”

王恺就眼睁睁地看着宝牛被王济给“八百里分麾下炙”了，留下的典故被后人辛弃疾写词里了。

西晋初期，天下初定，貌似四海升平，从战乱中侥幸逃生的官员们用奢华的生活来奖励自己。斗富，成了当时的一种风气。

奢靡成风

当时，奢靡之风已成，个个显富。开国元老、太尉何曾，一天花在三顿饭上就得一万钱。他的儿子散骑常侍何劭比他老子翻一番，要花两万钱。尚书任恺比何劭还厉害，每顿饭就要一万钱，一天要花三万钱。这么多的钱简直可以买尽天下一切野生动物，即使这样，他的管家还经常被他责骂，说这么多菜没有一样能让他下筷。

这些达官显贵就是这样糟蹋着财物，有一次晋武帝到女婿王济家做客。王济的排场大，100多个美女，手捧盛满各种美味的琉璃餐具，流水般上菜。

最后美女们抬出来一个大琉璃盆，里面是条蒸乳猪。

晋武帝尝了一口，嘿！异香扑鼻、入口即化，并且余味无穷，不禁赞不绝口，追问王济烹调秘诀。王济哼哧半天，才悄悄在晋武帝耳边说："这可是传子不传女的绝技，石崇、王恺千方百计要探听这个秘密，我们全家守口如瓶！今天就告诉你吧，这小猪是用人奶喂大的，并且还是用人奶蒸出来的，所以才有这个味道啊！"

王济还告诉晋武帝，人是万物灵长。人奶自然是妙用无穷了，就连人的体温也神奇无比，大有开发利用的潜能。中护军羊琇在冬天里，让人轮流抱着酒坛子，用人的体温储存酒，这样酿出来的酒味特别鲜美。

在古代专制者眼里，只有职务不低于他们的人才称得上是人；地位不如他的，都是可以随便生杀的物品，毫无人之为人的尊严。

王济用箭法赢到王恺的八百里胶，他的箭法确实像王恺知道的那样，以前很臭，但架不住这小子苦练。怎么练的呢？王济专门为自己练箭建了一座跑马射箭场。

洛阳作为首都，地皮当然是寸土寸金，可王济不在乎。射箭场的围墙不是用砖石砌的，也不是石崇出门时摆的50里步帐，用的竟然是铜钱编成串，堆成了一道钱墙！

这些人的钱都是哪来的？每一分都是穷苦百姓的血汗。当时的车骑司马傅咸对此深深忧虑，感慨奢侈的祸害，比天灾还要严重。权贵们生活如此靡烂，西晋的统治能长久吗？

立储不当　遗祸无穷

西晋成立之初，晋武帝为了收买人心，大封功臣，许多大家族都被封为公侯。短短几年时间，晋武帝共封了57个王，500多个公侯。这也就导致了后来的贾后之乱和八王之乱，使天下局势混乱。

分封遗祸

司马氏本身为河内（今河南省）士族，司马懿掌握魏国权力之后又改变、利用了九品官人法，使司马氏本身在官品起家上就得到了好处。如司马懿的儿子司马伷起家为四品的宁朔将军，监守邺城。司马炎当初也以贵公子当品，乡里莫敢与为辈。司马炎当上皇帝后，承袭其前辈争取士族的做法——其前辈争取士族是为了夺取曹氏政权，而司马炎这么做则是为了经营政权，促成和巩固士族政治。但这只是他设想经营统治的一个方面，或谓之“一翼”，他同时还营造了另一翼，这就是分封诸王，以形成两翼齐鼓的势态。

魏元帝曹奂咸熙二年（265年）十二月壬戌日，晋王司马炎“受禅”于魏元帝曹奂，于丙寅日登基为帝，史称晋武帝，改元为泰始。

丁卯日，即封皇叔祖司马孚为安平王，皇叔父司马干为平原王，司马亮为扶风王，司马伯为东莞王，司马骏为汝阴王，司马肜为梁王，司马伦为琅邪王，皇弟司马攸为齐王，司马鉴为安乐王，司马机为燕王，皇从伯父司马望为义阳王，皇从叔父司马辅为渤海王，司马晃为下邳王，司马瓌为太原王，司马珪为高阳王，司马衡为常山王，司马文为沛王，司马泰为陇西王，司马权为彭城王，司马绥为范阳王，司马遂为济南王，司马逊为谯王，司马睦为中山王，司马陵为北海王，司马斌为陈王，皇从父兄司马洪为河间王，皇从父弟司马楙为东平王。

从祖父辈一直到自己的从父弟，晋武帝司马炎一下子分封了27位宗王。

两汉及曹魏都曾分封诸王，但是两汉，尤其是曹魏，对受封之王采取了许多限制措施。受封之王不能进入朝廷的权力中心，参与朝廷的议政和决策，手中更不准掌握军权，因此，受封之王仅仅是受封邑者，享受到的只是较高的经济利益。当初才华盖世的曹植没能争得曹操的嗣位权，被曹丕即位后遣外为侯、王，他只能以一次次的上疏陈述自己的治国之见，曹丕不予采纳，最后他在郁郁不得志中死去。

晋武帝的分封宗王则不然，受封之王往往是爵位同官位并得的。他们或以侍中、诸公、中书监、中书令的身份参与朝廷的议政、决策，或以录尚书事的身份，代表晋武帝行使行政权力，或以将军、刺史、都督军事的身份出镇地方，对州郡行使行政权和军事统率权。而且受封诸王起初都留居京师，咸宁三年（277年）多数才被遣至各自的受封之地。

《晋书·地理志》记载：晋武帝泰始元年，封诸王以郡为国。邑两万户为大国，置上中下军，兵五千人；邑万户为次国，置上、下军，兵三千人；五千户为小国，置一军，兵一千五百人。

这段记载说明的只是诸王国本身的等级与置军情况，并未涉及受封之王的官职与握军情况。

司马孚为司马懿的次弟，司马懿死后，他在司马氏家族里辈分最高。他有忠魏之心，司马懿专权时，他不参与废立之事，高贵乡公曹髦被杀，唯他敢枕尸于股而恸哭。司马师、司马昭因他属尊，不敢相逼。晋武帝驱曹奂登位，他又泣牵曹奂手，申表忠魏之心。晋武帝不但不敢把他怎么样，反而首封其为王，并晋太宰、持节、都督中外诸军事，因此司马孚是受封诸王中首先同时握有“中央级”军政大权的人。但从史载看，司马孚虽在其位，却没有行其权、谋其政。

晋武帝司马炎在位期间，除了司马孚之外还授予其他16位宗王以军、政权力，27位宗王中，有的早亡，当然不在授予之列。

义阳成王司马望，泰始二年晋太尉，中领军如故，后官至大司马。

竟陵王司马楙，泰始初年为散骑常侍、尚书。

太原成王司马辅，曾为卫尉。

下邳献王司马晃，泰始九年拜尚书，迁右仆射。

高阳元王司马珪，泰始六年拜尚书，迁右仆射。

彭城元王司马植，咸宁中年拜国子祭酒，太仆卿、侍中、尚书。

高密文献王司马泰，太康初年为散骑常侍、前将军、尚书左仆射。

新蔡哀王司马腾曾任宗正、太常。

范阳王司马虓，咸宁年间为散骑常侍，迁尚书，后官至司徒。

任城王司马济，咸宁年间拜散骑侍郎、给事中、散骑常侍。

平原王司马干，太康末年拜光禄大夫，加侍中。

琅邪王司马伷，泰始初年为尚书左仆射，抚军将军。平吴后拜大将军，开府仪同三司。

扶风王司马骏，太康初年拜骠骑将军，开府、持节。

齐王司马攸，咸宁年间分别拜为司空、侍中，太子太傅。

汝南王司马亮，咸宁年间任侍中、太尉、录尚书事，领太子太傅，后又转任大司马。

成都王司马颖，太康末年拜越骑校尉、加散骑常侍、车骑将军。

需要说明的是，这16位宗王，有的是袭位或后来受封的，不属于司马炎登基首封的27王。

咸宁三年，时任卫将军的杨珧和时任中书监的荀勖见到齐王司马攸在朝野当中威望很高，担心太子司马衷未来的皇位可能旁落，就依据司空裴秀所立的五等封建之旨，一起上表晋武帝说："古者建侯，所以藩卫王室，今吴寇未殄，方岳任大，而诸王为帅，都督封国，既各臣其统内，于事重非宜。又异姓诸将居边，宜参以亲戚，而诸王公皆在京都，非捍城之义，万世之固。"晋武帝大概这时也已隐约感到宗王势力在京都发展有所不利，于是他下诏遣当时多在京都的诸王就国，并对封国制度和封国置军制度进行了改革与调整。

晋武帝首先规定了受封限制，规定非皇子不得为王，把封国资格规定为自己的直系血统，其次实行推恩分封。他规定"诸王之支庶，皆皇家之近属至亲，亦各以土推恩受封。其大国、次国始封王之支子为公，承封王之支子为侯，继承封王之子为伯。小国五千户以上，始封王之支子为子，不满五千户始封王之支子及始封公侯之支子皆为男，非此皆不得封"。这样一来，诸王的子孙后代不仅不可能再永袭王位，而且封爵越往后越小，就难以成什么抗衡势力了。最后，晋武帝规定"大国始封之孙罢下军，曾孙又罢上军，次国始封子孙亦罢下军，其余皆以一军为常"。这样又使原来的封国置军处于不断削减的势态。

从理论上看，晋武帝司马炎的这些想法和措施可谓深谋远虑，可也就是这点又显示了他的所失。他上述想法的实现是要以相当长的时间为前提的，诸王的子孙更替绝非几年十几年的事情，所以，待他所设想的结果实现时，他已不在人世了，而这种结果也不可能实现。他生前埋下的诸多隐患接踵而起：愚钝太子即位无力把握朝政；后党、外戚争权；权臣各为己利参与其间，各扶植、利用宗王势力到争权目的；各宗王也就趁机在自己的封国上招兵买马、招降纳叛。诸王势力不仅未像晋武帝所设想的那样被逐步削弱罢减，反而急剧扩大。

晋武帝在推行宗王分封的同时，也并行宗王出镇，这是顺理成章的事。宗王本来除封爵外，还被委以军政之任，这样他们拥兵出镇州郡就在所难免。

宗王出镇，拥兵于州郡，的确源于司马氏向魏夺权。曹操、曹丕乃至曹叡时代，都未曾有过宗王拥兵出镇地方的先例，因那时的宗室只有封爵而无军政之职和军政之权。司马氏父子在“嘉平政变”中取得朝政大权之后，开始在地方、军队中安插子弟、亲属，以掌握地方、军队，加固自己的权位。如司马昭曾以安东将军、持节，镇许昌，后又督都淮北诸军事，兼中领军，镇洛阳。司马孚曾西镇关中，统诸军事。司马望曾任征西将军、持节，都督雍、京二州诸军事，在任达8年。司马骏曾任平南将军、假节，都督淮北诸军事，后转安东大将军，镇许昌。司马亮曾任左右将军，加散骑常侍、假节，出监豫州诸军事，后又转镇西将军。司马伷曾任宁朔将军，监守邺城，后改任右将国，监兖州诸军事，又任兖州刺史。司马遂曾任北电朗将，督邺城诸军事。

但这还不属于严格意义上的宗王出镇，因为上述各位在当时都没有被封王，司马氏当时也还没存封王的名分。

真正的宗王出镇无疑只有在晋武帝司马炎登皇位才出现。晋武帝当政时期，宗王出镇的情况大致如下：

琅邪王司马伷在晋武帝登位后，留任左将军，监兖州诸军事，后迁镇东大将军、假节，都督徐州诸军事，镇下邳。太康元年，加侍中，并督都青州诸军事。

燕王司马机，咸宁初年任镇东将军、假节、青州都督。

扶风王司马骏，在晋武帝登位后，留任都督豫州诸军事。迁使持节，都督扬州诸军事，转任镇西太将军、使持节，都督雍、凉等州诸军事，镇关中。

梁王司马肜，泰始元年受封后任北中郎将，督邺城诸军事。太康中年，监豫州军事，加平东将军，镇许昌。顿之，以本官监青、徐州军事，晋封安东将军。

齐王司马攸，太康三年以大司马都督青州诸军事，未及行，病卒。

太原成王司马辅，咸宁三年，监并州诸军事。

下邳献王司马晃，泰始九年为使持节，都督宁、益二州诸军事，因病未行。后任镇东将军，都督青、徐二州诸军事。

高阳王司马珪，泰始四年任北中郎将，都督邺城诸军事。

高密王司马泰，泰始元年为兖州刺史，加鹰扬将军。咸宁元年，转安北将军，都督邺城诸军事，迁安西将军，都督关中军事。

范阳王司马绥，咸宁年间任安南将军、持节，都督豫州诸军事，镇许昌。

济南惠王司马遂，晋武帝登基后留任北中郎将，都督邺城诸军事。

汝南王司马亮，泰始元年任镇西将军、持节，都督关中雍、凉诸军事。咸宁三年，任镇南大将军，都督豫州诸军事。

楚王司马玮，太康末年以镇南将军，都督荆州诸军事。

赵王司马伦，咸宁中年以平北将军，都督邺城守事。

秦王司马柬，太康十年曾任镇西将军、西戎校尉、假节。

淮南王司马允，太康十年以镇东大将军、持节，都督扬、江二州诸军事。

晋武帝在位期间，大致有以上17位宗王出镇州郡，范围近乎达到全国各地，所统率的军队在全国军事力量中也占很大比例。

不论是留居京城的宗王，还是出藩或镇外的宗王，在晋武帝时代都没有挟制皇帝的倾向，没有在外藩私自发展势力或拥兵自重，威胁朝廷。因为晋武帝到底还能把握朝政大权，能坐镇京师，指挥天下。他所营造的“两翼”——士族和宗王，还基本处于相互制约、互为平衡的状态之中。因此他在位二十多年，国家基本处于稳定发展之中，出现了中国历史上不多见的和平繁荣年景——“太康之治”。

问题在于晋武帝埋下了隐患，太熙元年（290年）四月，晋武帝去世，他的儿子司马衷即位。司马衷根本没有能力把握朝政，他眼睁睁地看着宗王势力急剧发展起来，压过了朝廷当中原先占据优势的士族势力，成为左右朝政的绝对力量，以致后来他自己都被赵王司马伦废黜，而赵王司马伦自己做起了皇帝。这时出镇州郡或在封地的宗王们也在大肆发展力量，成为实质上割据一方的独立势力。司马衷连自己的皇位都维持不了，更没有能力辖制割据地方的宗王。于是这些手握重兵的宗王打着清君侧的旗号，实质上是欲将朝廷大权揽为己有，而展开了混战，造成了长达16年的“八王之乱”。西晋王朝由此元气大伤，迅速衰落。

因此，晋武帝苦心营造士族势力和宗王势力的“两翼”，希冀这两翼能互相制约、共处平衡，从而使朝政能处于平稳，使司马氏的江山永固，只是一场空想而已。

司马炎为避免曹魏最后出现的帝室孤立现象，他大封宗室为王，且赋予政、军之权，希望宗室之王能对抗如当初司马氏一样的在中央政权中崛起的权臣，以屏藩帝室；又为避免周代出现的诸王不驯、终压天子的现象，他促成、巩固了一个以士族为主要成分的朝政机构，以制服可能产生的宗王凌主夺权。

司马炎当然不可能懂得事物运动对立统一的矛盾法则，不可能明白任何一种平衡都是暂时现象。他可以运用自己作为皇帝的权威来调节、维持他的“两翼”平衡，但也只是使之持续的时间长一些而已，因为他不可能真的长命万岁，万万岁。何况他还犯了一个重大的错误：所选的“接班人”昏钝、无能。调节因素不存在了，“两翼”很快失衡，宗王势力占据上风，随之统占全盘。西晋王朝由此走向混乱、衰亡。到了继之而起的东晋王朝，士族势力卷土重来，王、庾、桓、谢四大士族集团又先后专擅朝政，东晋王朝几乎是随着王、庾、桓、谢四大士族轮流专权的局面的结束而告终的。

由此看来，选择“接班人”的问题似乎是个至关重要的问题。“接班人”如果选得精明强悍，有远见卓识，有统军理政之能，王朝就能延续。但是将天下安危系于一人之身，这本身就是个险而又险的“走钢丝”，而且至高无上的皇位，不论是宗族势力还是他姓势力都在觊觎，皇帝处境之艰危可想而知。他防了内防不了外，防了此防不了彼，防了自己一代防不了下一代。虽殚精竭虑，机关算尽，却没有一个朝代能像其创建者，像其有幸继承者们所设想的那样享国永年的，区别只是长一点，短一点而已。

晋武帝同样不可能迈出这个怪圈，而且由于他生前所埋置的隐患太大、太多，西晋王朝在他身后只勉强维持了23年。

但是，如果以为州郡兵的作用可以大到制服“八王之乱”乃至能够使刘渊、石勒、汲桑、王弥等人无法起兵，就与历史实际情形不符了。“八王之乱”是晋武帝推行宗王政治、扶植宗王势力的结果。这些宗王到晋惠帝时期已成为朝廷难以辖制的政治力量和军事力量，他们或把持朝政，或手握重兵，皇帝都成了傀儡，区区的郡州之兵怎能与之抗衡？怎能制服他们？州郡兵总是要由人率领的吧？这些率领州郡兵的人得由朝廷指派，或由朝廷授命时任州郡长官的人兼领。而这些人总不会存在于政治真空当中，他们在诸王先后把持朝政的情况下总是依附于某个政治、军事势力的。即使有些州郡兵首领想搞独立，但可以推想，他手中的军事力量，是绝对无法同宗王们统率的中央大军和受封国中的部队相抗衡的。所以，州郡兵在一个区域内对某种反叛势力之风初起于青萍之末时尚有一定的镇制作用，倘若反叛势力之风已成了大气候，它的镇制作用就微乎其微了。

至于刘渊、石勒、汲桑、王弥等人起兵，那是晋王朝在“八王之乱”中开始衰败的必然结果，属于“皇帝轮流做”的封建王朝更替过程中在所难免的事。一个王朝衰败了，就会有人起来建立新的王朝，这更不是州郡兵罢撤与否能左右的。

同样道理，如果晋武帝听取群臣劝谏而没有罢撤州郡兵，刘渊、石勒、汲桑、王弥等人在其起兵之初，可能会受到州郡兵一定程度的扼制，但时下天下已乱，王朝已衰，州郡兵的作用到底能有多大，是一目了然的。

总之，晋武帝在平吴之后罢州郡兵，这对减轻百姓负担来说无疑有益处，而对州郡的地方稳定与治安来说则显然有不妥之处。无视州郡兵的作用和夸大其作用，都不是精当见解，都与历史实际情况有距离。

齐王之死

司马炎篡魏称帝、建立晋朝后，封司马攸为齐王，对他还算尊崇，让他掌握部分军权，参与议定国家大事，官职由卫将军迁骠骑将军，又转镇军大将军，后由武官转为文官，任太子太傅、司空等职。但到了晋武帝晚年，情况却发生了很大变化。

晋武帝共有二十六子，其中皇后杨艳所生仅三人，并且长子司马轨夭折后，次子司马衷遂以年长被册立为太子。然而，司马衷智力低下，自己的日常生活都不能料理，将来继承皇位、治理国家就更成问题了。朝中许多大臣对此忧心忡忡，屡劝晋武帝另择贤明，晋武帝一度产生了动摇，曾与皇后杨艳商量是否另选太子。杨皇后坚决不同意，她说："依照礼制，选择太子的标准是，看他是不是嫡长子，而不必考虑他是否贤明，这一规定绝对不可破坏。"晋武帝自此不再提废黜太子之事，也不愿听别人议论太子不聪明，千方百计地为太子树立威严。谁敬奉太子，晋武帝就大加任用；谁说太子不堪入承大统，晋武帝就与之疏远甚至将其贬黜。于是出现了两种相互对立的说法：向晋武帝谄媚的人极言太子聪慧超群，忧国忧民的大臣则认为太子愚黯，于国不利。

与有争议的司马衷相反，齐王司马攸则名望甚高。他自幼博览群书，善于写文章，时人非常赞赏他的才思。加之他承嗣司马师，本来就几乎继司马昭之后执掌朝政，因没竞争过司马炎而屈居郡王之位。他如果继晋武帝之后即皇位，不仅名正言顺，而且他的突出才干与司马衷的愚蠢形成了鲜明对照，凡是真心为朝廷未来的振兴着想的人，无不对他推崇备至，期待着他来取代司马衷的位置。

司空卫瓘知道太子根本没有理政能力，屡欲进言而未敢说。有一次，晋武帝在陵云台举行宴会，卫瓘假装喝醉了酒，摇摇晃晃地来到晋武帝座前跪下，对晋武帝说："臣有话要讲。"晋武帝问："你想说什么？"卫瓘一再装出欲言又止的样子，最后摸着晋武帝的座位，叹息说："此座可惜！"晋武帝明白卫瓘说这话的用意，便故意打岔说："你真是喝醉了吧？"叫人将他扶了下去。卫瓘见晋武帝不听劝告，自此不再提太子之事。

太尉贾充是个很惯于见风转舵的人。他原来追随司马昭，在篡魏的阴谋中起过较大作用，所以司马昭临终前，特意对司马炎说："知你者莫过于贾充，你一定要重用他。"司马炎建立晋朝后，贾充果然成为他身边的重臣。为了加强自己的权势，贾充极尽谄媚取容之能事，想方设法迎合司马炎的旨意，还把女儿贾荃嫁给当时官职甚高、参与朝政的齐王司马攸，使自己成了朝中举足轻重的人物。侍中任恺、中书令庾纯等人比较刚直，他们看不惯贾充在朝中搬弄权势，便趁关中鲜卑人叛乱不息的时候，向晋武帝进言，让贾充离京赴关中，任都督秦、凉二州诸军事，平息叛乱。晋武帝正为关中不安定而忧虑，正在考虑出镇关中的人选，经任恺等人一说，立即表示赞同。

贾充为自己被忽然调离朝廷，不能再在朝中弄权而沮丧。在将要启程之际，他的僚属皆来到城外的夕阳亭为他饯行，中书监荀勖也在其中。荀勖是个颇有文采而人品较差的人，他与左卫将军冯𬘘长期巴结贾充，逢迎晋武帝所好，颇受晋武帝信任。贾充一旦离京，荀勖和冯𬘘会感到势力太单薄，很难继续专权。因此，荀勖在为贾充饯行的宴席间，悄悄对贾充说："贾公身为国家宰辅，却被一两个小人物给算计了，真是莫大的耻辱。现在要推辞诏命不去关中是困难的。如果能将女儿嫁给皇太子，那么，留在京师就不成问题了。"贾充大喜，赶紧派人贿赂皇后杨艳，让她劝晋武帝为太子纳贾充之女贾南风为妃，还让太尉、太傅为此事帮忙。荀勖、冯𬘘也在晋武帝面前盛称"贾充之女才貌双全，若入东宫，一定能辅佐太子"。晋武帝也正想为痴呆的太子找一个有才干的女子为妃，遂同意了这桩婚事。这样，贾充得以借此机会留京，仍居本职，不复西行。当时舆论普遍对他们的这种勾当不满，视贾充、荀勖等人为奸佞之人。

朝中许多大臣在议论谁当太子合适的问题。晋武帝希望主要大臣中有更多的人支持他选定司马衷，曾问张华："在我身后谁继承皇位合适？"而张华坚持自己的立场，不苟合取安，他说："要论既有德才，又是亲骨肉，我认为齐王司马攸最合适。"晋武帝听了很不高兴，贾充等人趁机进谗言，排斥张华。晋武帝遂在太康三年（282年）正月改任张华为都督幽州诸军事，离京前往幽州今河北北部、京、津及辽宁大部分地区。

齐王司马攸向来厌恶荀勖、冯紞等人的奸佞行径，荀勖、冯紞也知道如果司马攸将来登基，将对他们不利。因此，他们在扬太子、抑齐王的过程中，为达到个人的目的而不择手段。荀勖眼见齐王的声望日高，颇感焦虑，便向晋武帝进言说："陛下万岁之后，太子继承不了皇位。"晋武帝很惊讶，忙问原因，荀勖说："朝廷内外的人都倾心于齐王，认为他贤明，太子到那时能继位吗？陛下如果下一道诏令，命令齐王离京回封国，满朝大臣准会争相出来阻止的。陛下若不信，可以试试。"冯紞也说："陛下早就打算让所有藩王回自己的封地去，而他们总是留恋京城不肯离去，现在应该从最亲近的藩王做起，而最亲近的藩王莫过于齐王。"

晋武帝相信了这两个人的话，于太康三年下了一道诏令，命齐王为都督青州诸军事，返回他的封国。诏令一下，果然引起朝中许多大臣的反对，扶风王司马骏（司马懿之子）、征东大将军王浑、光禄大夫李熹、中护军羊琇及两个驸马王济、甄德等，都站出来进行阻止。王浑在奏疏中直言不讳地指出："陛下让齐王回封国，带个都督青州的虚号，没有镇守一方的军队可指挥，远离朝廷，不再参政，未免太不重兄弟手足之情了，有违文帝（指司马昭）临终前对陛下的嘱托。"晋武帝最怕别人说他不重兄弟之情，碍于面子，他不便对老臣王浑发作，而年轻一些的人进行劝阻，就难免使他发怒了。

王济、甄德这两个人不仅自己泣请晋武帝留齐王在朝，还一再让他们的夫人常山公主和长广公主到晋武帝面前说情，惹得晋武帝怒吼道："朕让弟弟司马攸回封国，是朕家中之事，关你们什么事！甄德、王济故意鼓动妇人来哭啼，是向活人哭丧还是别的意思？"王济因此被降职为国子祭酒。

皇后杨艳的叔父杨珧与荀勖来往密切。太康三年（282年），太尉贾充死后，荀勖推荐杨珧为太子太傅，辅佐东宫，使他们的小帮派不因贾充死去而势力削弱。杨珧在排斥齐王司马攸的过程中非常卖力。中护军羊琇与北军中侯成粲一向为齐王所信用。他们恨杨珧与荀勖等结成帮派，曾密谋用刀捅死他。杨珧得知这一消息后，吓得不敢迈出家门，便派人告发羊琇图谋刺杀大臣，为齐王司马攸出力。羊琇自幼与晋武帝一起长大，曾为晋武帝继位发挥过很大作用，平时深受晋武帝信任，任典掌禁军的中护军达十三年之久，但他在齐王的问题上栽了个跟头。晋武帝得到杨珧的告状后，不顾多年的情谊，将他降职为太仆。羊琇为此而愤恨不已，不久竟一病不起，死在家中。

晋武帝的态度如此坚决，以致百官中再没有人敢公开站出来反对逼齐王离京了。齐王司马攸知道晋武帝完全听信了荀勖、冯纨的谗言，心中愤恨不已，不久便病倒了。晋武帝派御医前去诊治，而御医迎合晋武帝的意愿，故意说齐王没病。齐王病情越来越重，晋武帝却不停地催他起程。齐王没办法，只好强打起精神入朝向晋武帝辞行，晋武帝见齐王的举止仍保持平时的样子，更确信他是没病装病。直到他两天后躺在病榻上吐血而死，晋武帝才吃了一惊。

晋武帝因齐王是被自己逼死的，内心有愧，不禁落下了眼泪，而站在一旁的冯纨冷言冷语地说："齐王徒具虚名，而朝中百官皆归心于他，对皇太子十分不利。现在齐王自己得病而死，这正是国家的福气，陛下何必那样伤心呢！"晋武帝听后，收住了眼泪。

齐王死后，其子司马同愤愤不平，但又不敢指责晋武帝，便把愤恨发泄在御医身上，称御医误诊其父的病。晋武帝随即下令将御医斩首，让他们成为替罪羊，以示齐王之死与己无关。

齐王一死，太子司马衷的地位就牢固不可动摇了，没人敢再说废立太子之事，而晋王朝由盛而衰的悲剧正发源于此。司马衷愚黯无知，从他登基之始到死去的十七年间，他空居皇位，所有朝政都由他人代理。皇权旁落，引起司马氏家族内部的激烈争斗，每个试图把司马衷控制在自己手中以“挟天子令诸侯”的藩王，都在不择手段扫清自己登上权力之巅道路上的障碍，由此演出了一幕幕同室操戈、血肉横飞的惨剧。

悲催太子

晋惠帝司马衷，字正度，晋武帝司马炎第二子，西晋的第二代皇帝。

泰始三年（267年），司马衷被立为皇太子，时年只有九岁。司马衷的太子之位，得来的原因与他的父亲有些类似。他本来有一个哥哥，只不过这个哥哥命不好，活了两年就夭折了。于是，司马衷理所应当成了嫡长子，接着理所当然地成了皇太子。

对于一个九岁的孩子而言，此时他天资中的愚钝未能完全暴露，他的弟弟司马柬虽然也是皇后的儿子，却才五六岁，作为父亲的晋武帝司马炎自然也没什么可选择的。在司马衷即位之前的二十三年太子生涯中，他的地位屡次受到威胁，却终究稳如泰山，平安熬到了登基，这主

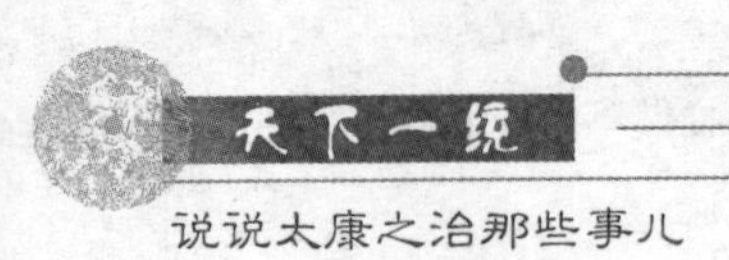

要得感谢三个人。

首先得感谢他的母亲杨皇后。司马衷的弟弟司马柬智商不仅正常，史书上说他“沈敏有识量”，既沉着聪明又有胆量，尽管如此，作为母亲的杨皇后还是更喜欢愚痴一些的司马衷。

待司马衷渐渐长大，当父亲的司马炎开始流露出对这个太子的不满，甚至表示为了天下苍生想换掉太子，杨皇后出面反对说：“立嫡以长不以贤，岂可动乎？”一句话说到了晋武帝的痛处，如果他自己不是嫡长子，恐怕也登不上皇帝的宝座。

第二位，是他的叔叔司马攸。

司马攸对傻孩子司马衷的太子宝座实在没有特意做出什么贡献，只不过他犯了一点错误，恰好帮助了这个傻侄儿。他主要就是犯了太优秀的错误。

所谓“木秀于林风必摧之”。司马昭在立接班人的人选上曾经有过一段迷茫期，据说他临死之前极担心两个儿子因为争太子位而反目为仇，拉着两个儿子的手殷勤嘱托作为兄长的司马炎要照顾好这个他最爱的小儿子。四年后，两兄弟的母亲王太后死前，也是念念不忘这个得宠的小儿子，对司马炎自然又是一顿苦口婆心。

朝中大臣对这个曾经差点成为皇上的司马攸也一直念念不忘，司马炎就试探性地问了问大臣张华：“谁可托寄后事？”张华回答：“明德至亲，莫如齐王攸。”当时朝中重臣王浑、羊琇、王济、甄德以及司马家族的重量级人物，都很看好齐王攸。

不管司马攸是有心争储还是无心恋战，对于晋武帝而言，实在是不能容忍之事。一个帝王最怕的就是自己在位，臣子们心中已经认定了一个新的皇帝人选。而这个新的皇帝人选，还是自己最大的对手。

再者司马攸成年后，“清和平允，亲贤好施，爱经籍，能属文，善尺牍，为世所楷”，并且“以礼自拘，鲜有过事”，他个性刚正，“晋武帝亦敬惮之，每引之同处，必择言而后发”。

就这样，因为司马攸过于优秀，当哥哥的司马炎就更加喜欢自己的儿子了，尽管那个儿子真的不让他满意。

接着，就是司马衷要感谢的第三个人，这人不是别人，是他的儿子：司马遹。

史书上的确有记载说晋武帝司马炎怀疑太子“不慧”，“弗克负荷”，其智慧难当皇帝大任，但因孙子司马遹天资聪颖而打消了另立继承人的念头。《晋书》如此记载：“（司马遹）幼而聪慧，晋武帝（司马炎）爱之，恒在左右。（司马炎）尝与诸皇子共戏殿上，惠帝来朝，执诸皇子手，次至太子，帝曰：‘是汝儿也。’惠帝（司马衷）乃止。宫中尝夜失火，晋武帝登楼望之。太子时年五岁，牵帝裾入暗中。帝问其故，太子曰：‘暮夜仓卒，宜备非常，不宜令照见人君也。’由是奇之。尝从帝观豕牢，言于帝曰：‘豕甚肥，何不杀以享士，而使久费五谷？’帝嘉其意，即使烹之。因抚其背，谓廷尉傅祗曰：‘此儿当兴我家。’尝对群臣称太子似宣帝，于是令誉流于天下。”

司马衷画像

史书上主要记载了四件事，一件事说明这个孙子深得司马炎的钟爱，所以“恒在左右”；一件事说明这个当爷爷的实在很喜爱自己的孙子，一握手就知道是司马遹；后面两件事主要是说小司马遹虽然年少但甚有大有为于天下的潜质，所以才有了“此儿当兴我家”这样直接的暗示。又说小司马遹像汉宣帝，话中的意思直接明了，以至于修史书的人都以为，司马炎之所以将皇位给自己的儿子，是希望在群臣的帮助下熬过傻儿子的在位期，将司马家的天下托付给自己这个钟情的孙子。

而尽管有三个人的“热切帮助”，司马衷熬到了登基，却换不来一个太平天下，到底还是一个无所作为的君主。他不仅无法解决政治上的困难，经历了西晋中衰的惨剧“八王之乱”，他本人还成为他人的傀儡，最后被东海王司马越毒死。

贾氏之女

司马衷傻是傻了点，但是太子也有太子的痛苦，那就是，自己想娶什么样的人做妻子，不能自己说了算，而是由父母来做主，父母这一挑，就挑出来一个“奇葩”。为什么要加个引号，这事还得慢慢说来。

晋武帝司马炎整日为了北边边境的战事忧心，他派出的将领总是打败仗。在这种情况下，他迫切需要一个有能力的将军，这个时候朝中大臣提醒：贾充是可以托付之人！

贾充，字公闾。他的父亲贾逵官至魏国的豫州刺史，曾被封为阳里亭侯。贾逵老来得子，觉得上天眷顾他，必有后福，家里肯定有“充闾之庆”，所以给儿子取名“贾充”。晋武帝司马炎对贾充尤为信任，曾说

“车骑将军贾充，奖明圣意，谘询善道”“雅量弘高，达见明远，武有折冲之威，文怀经国之虑，信结人心，名震域外”。《晋书》说他“有刀笔才，能观察上旨”。

贾充这个人文采很出众，又能体察上意，这一点很重要。史书说他是“无公方之操，不能正身率下，专以谄媚取容”，意思就是说这个人对手下的官员起不到什么模范带头作用，但是很会来事儿，深得皇帝的喜爱。

综观贾充的一生，可以说他一直是坚定地追随司马氏。早在司马师时代，正元二年（255年）春天，魏镇东将军毌丘俭和扬州刺史文钦起兵叛乱，贾充就跟随司马师一齐上了战场。他与邓艾合力打退了文钦的进攻，又参与平叛了很多关键性战役。等到司马师收拾完这帮反对者，贾充因为有功，增邑三百五十户，贾氏一门在贾逵的爵位基础上，又扩大了食邑。等到司马师死掉，司马昭接过权杖执掌魏国，贾充被任命为大将军司马、右长史。

两年以后，又有一个人想要站出来反对司马家族，贾充继续发扬精神，受命出去侦察敌情。在淮南，贾充见到了心怀鬼胎的诸葛诞，说了一堆慰劳的话之后，随便将话题引到了司马家，故意试探道：“天下皆愿禅代，君以为如何？”天下的臣民都觉得当今天子不适合当皇帝，应该把皇帝的宝座让给司马昭，您看这样好不好？贾充问得随便，诸葛诞却厉声回答说：“卿非贾豫州子乎，世受魏恩，岂可欲以社稷输人乎！若洛中有难，吾当死之。”他指责贾充忘了为人臣子的本分，甚至把贾充的父亲都抬出来了。

诸葛诞把话说到这份上，贾充也就不好再说什么了。贾充回到朝堂便劝司马昭早做准备，后来诸葛诞果然起兵造反，贾充又贡献出自己的战术方针，帮助司马昭取得了胜利。

几年后，不甘于做傀儡的高贵乡公曹髦亲自带领侍卫、太监主动出击，要跟司马昭死磕。众人看见当今天子亲自拔剑上阵都有点慌：杀吧，他毕竟名义上是皇帝；不杀吧，司马昭肯定不答应，只能步步后退。贾充见状气得大呼："公等养汝，正拟今日，复何疑！"一旁的成济听见这句话，上前结束了曹髦的性命。贾充再次因为站对了队，进为乡侯，食邑又增加了不少。因为贾充的一贯忠信，他顺利成为司马昭的心腹，参与机密。

其后贾充再度表现出色，在继承人的问题上又站对了队。司马昭对立谁为太子一直很纠结，感情上他更倾向于小儿子司马攸，但是礼法上又应该立长子司马炎，病中的司马昭询问贾充的意见。贾充的女儿嫁给了齐王司马攸，但是贾充没有偏袒自己的女婿，而是"称晋武帝宽仁，且又居长，有人君之德，宜奉社稷"，把长子司马炎好好夸奖了一番。待到司马昭死前将晋王的位置传给司马炎时，他拉着大儿子的手说："知汝者贾公闾也。"

这句话很重要，司马昭等于明白地告诉自己的儿子：你能得到这个王位都是因为贾充为你说了好话。熬了这么多年终于等来王位的司马炎听到这句话，自然会深切地感激这位支持者。当上晋王的司马炎自然给贾充加官晋爵，任命他为晋国卫将军、仪同三司、给事中，改封临颍侯。曹奂退位，坐上皇位的司马炎当然要犒赏有功人等，拜贾充为车骑将军、散骑常侍、尚书仆射，更封鲁郡公，贾充的母亲泖氏为鲁国太夫人。司马炎对贾充很是信任，视为左右手，贾充的母亲鲁国太夫人死后，贾充按照礼法回家守孝，在朝堂上看不到贾充身影的司马炎很关心这个"知汝者"，特意派身边的人代表自己去慰问一番。

当司马炎面对北方战事无可奈何的时候，在侍中任恺、中书令庾纯的建议下，他想到了贾充，贾充总是能为司马家族铲除一切的反对者，司马家需要贾充。晋武帝司马炎在圣旨中甚至说："使权统方任，绥静西夏，则吾无西顾之念，而远近获安矣。"他将所有的希望都寄托在贾充身上了。

拿到圣旨的贾充只有郁闷的份儿了，北方战事打了好几年没有一次胜仗，自己就一定能打赢吗？即便打得赢，放着京师的好日子不过，谁心甘情愿去边境上受苦呢？贾充郁闷是郁闷，没得选择，只能领旨谢恩。

任恺和庾纯举荐贾充的目的不是只为了国事分忧那般高尚，他们是有私心的。任恺和庾纯是一伙的，对贾充一直很不满，希望借口平叛，让贾充远离权力中心。贾充也的确像是能胜任这个工作的人，这步棋走得很高妙，表面上看不出什么破绽。贾充也知道是背后有人作祟，想赶走自己，但他也没辙，一是皇帝已经下旨，二是任恺家世代为官，妻子是魏明帝曹睿的女儿，有一定的影响力。让贾充更为忌讳的是，任恺为人刚毅，在大臣中颇有威信。

贾充觉得硬来不行，只能先拖延不办。但是拖延不是办法，总是要走的，转眼贾充出行的日子近了，饯别的日子到了，荀勖跟贾充关系还不错，就给贾充出主意说："公，国之宰辅，而为一夫所制，不亦鄙乎！然是行也，辞之实难，独有结婚太子，不顿驾而自留矣。"

荀勖想的办法是贾公嫁个女儿给当今太子，这样贾充的身份就变了，以前功劳再多也只是臣子，以后摇身一变就成了皇亲国戚，国丈大人不好轻易外出带兵，这样不就可以留在京师了吗？贾充觉得这个主意不错，但是"孰可寄怀"，苦于没有联姻皇室的办法。荀勖二话没说，揽下了这件事。

不久宫中举行宴会，荀勖趁机提出太子的婚事，又说"充女才质令淑，宜配储宫"。晋武帝司马炎不是傻子，他对儿子的婚事早已有了主意，他心中中意的是卫瓘的女儿，司马炎总结道："卫氏女有五可，贾氏

女有五不可。卫氏女贤惠多子，皮肤白皙，又长得漂亮动人；贾氏女以嫉妒著名，少生子，同时又貌丑而短黑。”晋武帝站在一个男人、一个父亲的立场上仔细分析了这门婚事，无论是从遗传基因还是外貌品性上讲，都没有选贾充女儿的道理。

贾充虽然在朝堂上挺得起腰杆，惧内却是出了名。贾充的原配李氏出身名门，容貌也姣好，为贾充生下了两个女儿：贾荃、贾濬。从遗传的角度讲，这两个女儿的容貌应该不会太差，其中贾荃还嫁给了齐王司马攸。但是好景不长，李氏受父亲的牵连被流放，贾充又娶了郭氏为妻。这个郭氏跟李氏完全不是一个类型的人，是一个妒妇。因为妒忌，先后打死了贾充两个儿子的乳母，这两个儿子因为没有乳母，也先后夭折。等到司马炎称帝，李氏遇赦而回，郭氏甚至不让李氏进门，贾充不得已，只能另给李氏买了一座宅子，可他连私下看望李氏的胆子都没有。郭氏品性太坏，生出来的孩子相貌也不佳，一个个又矮又黑，贾南风更是奇丑无比，从遗传的角度讲，郭氏可能也不好看。这样的家庭背景，明眼人都不会选择如此亲家。

只是荀勖一个人提议，说服力肯定不大，这时候杨皇后站出来表示赞同，也说了一番贾充女儿的好话。这时太傅也附议。一个是太子的母亲，一个太子的老师，都认定了贾家的女儿，其他的大臣当众也不好直接反对这门婚事，皇后、太傅都支持，贾充在朝中官职又高，没人愿意为了天资不好的司马衷赔上自己的身家性命。晋武帝也是一个惧内的人，只有默许的份儿。

泰始八年（272年）春天，洛阳下了场很大的雪，预备向北方动兵的军事计划因为这场大雪停摆。荀勖送佛送到西，借机发挥说：“现阳春二月，天普降瑞雪，实是吉兆。皇太子应即择良辰成婚。”晋武帝司马炎应允，下旨成婚，并令贾充官居原职，荀勖一手策划的整盘棋以完胜告终。最丑的女儿贾南风成为了西晋王朝的太子妃。

外戚专权

再说晋武帝，他终因终日眠花餐柳，于是体力终于不支，倒卧龙床，一病不起。

他每天都感到头晕目眩，四肢无力，舌头也有些硬，双目不断地冒金花。这种症状已非一日，只是没这么严重罢了。每当服用了那令他兴奋的药丸，这种症状便逐渐消失，药力尽后，症状就加重。因此，他不得不加大服用量，由每天服用一丸，增至早一丸晚一丸。药量的增大，使兴奋的程度提高，恶性循环，终至病情加重。

晋武帝昏过去了，闻讯而来的朝臣不下数十人，大都面带愁容，忧心如焚。杨骏是第一个到的，一直守在晋武帝的龙床边，时而装出一副悲痛欲绝的样子，时而训斥御医们动作太慢。

晋武帝服下九转回生丹后，便被御医们从死亡线上拉了回来。他的思维已经恢复，能听见杨骏的斥责声，渐渐地便明白了是怎么回事，只是心力衰竭，两眼干涩，怎么也睁不开，最终费了九牛二虎之力终于睁开了眼睛。

“圣上醒来了，圣上醒来了！”杨骏一副大喜过望的冲动，紧紧抓住晋武帝没有血色的鸡爪似的右手：“圣上，圣上啊，你让臣好一番担心啊！这就好了，这就好了！”

“大奸似忠，这个权迷心窍的杨骏！”心地善良，胆子又小的司马亮站在晋武帝的床前，一句话也不说，只是眼里噙着泪花。他在为晋武帝悲哀，更为大晋之权即将沦入杨骏之手悲哀。但在他看来，杨氏兄弟和皇后与太子妃贾南风的统一战线是暂时的，一旦贾南风翻脸，大晋定天下大乱，宗王们是不会眼睁睁地看着政权被外戚驾驭的。

御医怕影响晋武帝的情绪，有碍治疗，便向坐在晋武帝床边，一脸悲戚的皇后道：“娘娘，圣上才醒，气如游丝，需要安静，是否让群臣离开？”

“好吧。”皇后向朝臣们摆摆手，“众位大人心系圣上安危，我不胜感激。可圣上怕打扰，你们就暂时回去吧，待圣上稍有好转，再来探望不迟。”

朝臣们便先后走了出去，杨骏却留了下来，与皇后唱起了双簧，皇后向杨骏递个眼色：“杨大人，你也该回去了。”

杨骏提高嗓门，因为这话是说给晋武帝听的：“娘娘，我杨骏身为国戚，时刻记挂着圣上的冷暖。虽然为国事忙得焦头烂额，却无时无刻不在念叨圣上的隆恩。夜半常常坐起，为不能将圣上的重托做到极致而惭愧得流泪。我要一直陪着圣上，直到圣上康复！”

“圣上如此，汝南王又无能，这管理国家的重担就落在你与杨济、杨珧等人的肩上了。你若在这里陪着，谁来管理国家？朝臣们都拥戴你，信任你，没有你，岂不成无王之蜂了吗？”皇后向晋武帝的床前凑了凑，唯恐晋武帝听不见：“杨大人，圣上对你非常器重，你从小小的将军府司马平步登云，一下子升为镇军将军，又迁为车骑将军，封了临晋侯，成为辅政重臣，可要永世不忘圣上的隆恩，永远为圣上分忧。至于汝南王那里，要多迁就，他是宗王嘛。”

杨骏信誓旦旦："请皇后放心，我杨骏知圣上的知遇之恩，定鞍前马后，鞠躬尽瘁，若做出对不起圣上的事，天诛地灭！"

皇后与杨骏的双簧晋武帝听得清楚，不禁产生了感激之情，一个虽然飘忽、朦胧，但却已经形成的结论便油然而生：杨骏三兄弟是朕的股肱之臣，可当重任啊！也许是这个结论发生了作用，或是九转回生丹的药力的缘故，他竟清醒了许多，又吃力地睁开双眼，发出了第一个音节，接着便能出语了。虽然蝇声蚊气，断断续续，却能分辨出他说的什么。他在告诉杨骏：朕信任你，你大胆地理政好了。可要与汝南王搞好关系，切莫使汝南王难堪，以防引起宗王们的反感，造成天下大乱。

杨骏跪倒，流着泪道："请圣上放心，臣虽肝脑涂地，也在所不辞！至于与汝南王的关系，虽有摩擦，却无大碍，因为这些摩擦皆因国事所致，并非为了私利。圣上让臣与汝南王共同辅政，臣出于公心，以故常有些政见不和，这是很难避免的。圣上，臣这就离开，还有好多大事等着臣处理呢！臣一有间隙，就来探望圣上。皇后啊，你可要寸步不离啊！记住，我是以父亲的身份要求你这样做的。"

晋武帝大概很欣赏杨骏的表演，脸上溢出了一丝很难让人发现的微笑，然后又处于半昏迷状态。

杨骏前脚走，宗王们便大都赶来探望晋武帝。他们围着龙床转了一圈，然后便跪下来，等待晋武帝睁开眼睛。而晋武帝却如同一具僵尸，一动不动。便有人哭出声来，厅堂内充满了哀伤的气氛，好像晋武帝生命的灯盏已经吹灭了，回归天国了。

此时，皇后的心情极为复杂，极怕晋武帝醒来后叮嘱于自己和杨氏兄弟不利的话，有将这些宗王们打发走的打算，可又怕引起宗王们的反感。她犹豫了好一会儿，温和地道："诸位宗王，圣上虽已保住了龙命，却仍处于半昏迷之中，怕受干扰，为了圣上的安康，大家还是回府去吧。待圣上清醒后再来探望。”

晋武帝之死

晋武帝的病情的确有所好转，只是不太稳定，一阵清醒，一阵糊涂，时常昏厥。这回，楚隐王司马玮前来探望他的病情，适逢他清醒，便问他是否发出了让司马亮出镇西域的口谕，并将司马亮的事告诉了他。他吃惊不小，摇头道：“这个杨骏，怎么假传朕的口谕，也太无法无天了！”司马玮愤愤地道：“如今朝廷上下，都是杨大人的亲信，今又将汝南王挤走，便是他的天下了。宗王们无不气愤填膺，父皇应当机立断，诏回汝南王，拿下杨骏的狗头！”“养痈成患，养痈成患啊！”晋武帝气火难按，却已无能为力了只好道：“斩杀杨骏是下策，杀他容易，可朝野就乱了，到处是他的人啊！这么办吧，朕让中书省拟写圣旨，让汝南王回归朝廷，与杨骏共同辅攻，再任命几个有名望、主持正义的朝臣。为今之计，只好如此了。你回去吧，不宜在这里待得太久。”

晋武帝仅与司马玮叙话，无他人在场，不想隔墙有耳，这些话被躲在侧室的皇后收入耳中。召回司马亮、遏止杨骏专权的势头，是件好事，可安插信臣，却对杨家大为不利。于是，便修书一封，让亲信太监送于杨骏。

杨骏得此消息，冷笑道：“哼哼，圣上啊圣上，为时已晚。朝廷内外、上下都已被我控制，这圣旨是传不出去了！”

杨骏此话并非自吹自擂，因为中书省已在他的掌握之中。次日下午，他便来到中书省借阅圣旨。中书监华廙不给，被他大骂一顿，夺了圣旨就走。华廙无奈，将此事告知了中书令何劭。何劭言道：

“今杨骏权重如山，谁敢得罪？就由他去吧。不过，这圣旨不能在他手中太久，再过半个时辰，你就去索回。他若是不给，你也不必太认真，看他如何言语。”

杨骏得了圣旨，读后惊出了一身冷汗。原来，晋武帝不仅让司马亮与他共同辅政，而且安插了二十多个朝臣，顶替了他安排的新贵。如此办理，便将他架空了。于是，他把圣旨藏了起来，苦苦地思索着对策。这时，华廙求见。他料到华廙是来索取圣旨的，有心不见，又觉不妥，便接见了华廙。不待华廙开口，杨骏便板着脸道：“我向你索取圣旨，态度强硬了些，多包涵吧。这圣旨我已看过，大欠妥当。今朝臣人心稳定，无不忠于圣上，用心治事，若将他们替换下去，不就乱了套吗？华大人，国事要紧啊！当此圣上病危之时，如此办理，可就有乱国之嫌了。”

华廙不亢不卑地道：“你是辅攻大臣，索要圣旨阅看未尝不可，却不能留下。何大人派我前来，不为别的，只为将圣旨要回。至于圣旨所写内容，是圣上的意思，中书省无权更动。今圣上还在，我们必须为圣上负责。”

杨骏渐渐放下了傲慢，面色温和起来，口气也不再那么生硬：“华大人有所不知，圣上的病情严重，常常昏迷，有时醒来，思维也不清楚，说话语无伦次，怎能算数？这圣旨你是不能索回的。我是辅政大臣，有权处理此事。”

“杨大人身为朝中重臣，懂得朝中的规矩，扣留圣旨，是要治罪的。”华廙毫不客气地指出，“我虽然孤陋寡闻，却知道古往今来，大凡扣留圣旨者，非良贤之辈。”

杨骏突地怒了，拍着几案说：“我为了大晋社稷，方才过问此事。难道一个辅政大臣，连这点权力也没有吗？你回去告诉何劭，今天二更时分，你与他当着圣上的面书写圣旨，然后念给圣上听。圣旨由我口授，你来执笔，皇后与何大人监督，这总可以了吧？走吧，到时我在圣上的病床前等你俩，可要准时到。”

当着晋武帝的面书写圣旨，增强了透明度，不失为高招，华廙想不到杨骏狗嘴里还能吐出象牙来，惊喜之余不免有些担心，便扫视着杨骏那双微微有些发红的，闪射着贪婪和攫取的目光的眼睛：“杨大人，这是真的吗？”

“君子一言，驷马难追，况且我是总揽全局的辅政大臣。”杨骏的双目突然闪射出寒光，如同目光敏锐的鹰鹫，“华大人，我不计较你的傲慢无礼，因为我以大晋社稷为重。你向朱以运笔灵妙，潇洒劲力著称，相信你会在圣上面前为自己争脸的，这可是个好机会哟！”

“我华廙忠于王事，得不喜，失不哀，一颗良心可对天地，从来不会哗众取宠。既然大人要我执笔，那我就执笔好了，至于圣上对我如何评价，我全不计较。”华廙虽然觉得杨骏近于凶残的目光中藏着阴谋诡计，却不好再说什么，便告辞出来，坐上素车，直奔中书省去了。晋武帝的病情的确像何劭说的那样，已入膏肓，可他还有些思维，也能迷迷糊糊地听见人们的说话声，就是不能说，不能动。杨骏来到晋武帝的床边，与皇后议论着写圣旨的事，晋武帝听得明白，气火难按，真想大骂一顿，以解心头之恨。与此同时，晋武帝也恨起宗王们来，恨他们不来探望他，恨他们面对这严峻的形势无动于衷。可晋武帝哪里知道，宗王们已来探望过多次，都让皇后以“圣上病情加重，不可打扰”为由挡在了门外。这时，就听皇后道：“叔父啊！可不能把事做得太绝，别的事我都同意，就是不让汝南王与你共同辅政的事太冒险，若惹怒了宗王们，可不是闹着玩的，你可要三思啊！”

又听杨骏道：“把心放到肚子里吧，不要再叨扰了，只要手中有了大权，怕他们何来？这圣旨就照我说的写，你好好配合就行了。胜者为王败者寇，只能成功，不能失败！”

“悔不该不听山涛等人的劝告，让外戚干政，朕好后悔哟！”晋武帝这么想着，又昏了过去，便什么也听不到了。何劭与华廙准时赶到，发现晋武帝僵尸一般，不由得倒抽一口凉气。

何劭不动声色地道：“皇后、杨大人，圣上这个样子，能分辨是非吗？这圣旨还是等圣上清醒后再写为好。”

“是啊，此时书写圣旨，就大打折扣了，焉能服众？”华廙附和着。

杨骏情绪冲动，露出了本来面目，叫道：“这朝中的事你俩说了算还是皇后与我说了算？哪里这么多毛病？写，非写不可！”

皇后怕把事情闹僵了，心平气和地道：“二位大人有所不知，圣上看似昏迷，实则能听清我们的话，也能做出反应。你们看，圣上的头动了一动。圣上是在告诉我们，同意由杨大人口授，华廙书写圣旨，我与何大人做证。”

晋武帝的脑袋的确动了动，因为他，多次被吵醒，似有若无地听见了皇后的话，他想痛骂，想制止，头便动了。

何劭也发现晋武帝的脑袋似乎有些动，便向华廙示了个眼色：“既然圣上同意，你就写吧！”

华廙是多么盼望晋武帝会忽然醒来，制止这场夺权的闹剧啊！可这是绝对不可能的，除非晋武帝在弥留之际回光返照。他无可奈何地展开圣旨，缓缓地研着墨，双目却不时地扫视着晋武帝的脸。

杨骏看透了华廙的用心，便督促道："华大人，墨研好了，快写吧，不必打别的主意。"

华廙只好提起朱笔："说吧，我写。"

"奉天承运，皇帝诏曰：前者有旨，汝南王亮赴西域镇边，为社稷所需。亮却伏而不动，公然抗命，为大逆不道之举。命其三天后出行，不得拖延……"

本来已经做了任凭皇后和杨骏摆布的思想准备，不想华廙却控制不住激愤的情绪，以死抗争。何劭怕华廙遭遇不测，便道："杨大人不必生气，华大人的脾气你是知道的，坦荡耿直，疾恶如仇，就不要与他计较了。依我之见，这圣旨还是你亲自念得好，因为它是你口授的。"

"何大人，你就念吧，反正杨大人在口授时圣上已经听清楚了，再念一遍，不过走个过场。"皇后劝道。

何劭回答："不是臣违皇后的意，臣与皇后是监督者，臣以故不能念的。"

杨骏怕夜长梦多，便兀自念了一遍，而且煞有介事地问："圣上，你听清楚了吗？若听得清楚，又同意此旨，就动一动龙首如何？"

皇后也道："圣上啊，这道圣旨可是极重要的，你非有表示不可呀！你若龙首微动，就是同意了。"

于是，四个人的八只眼睛发出的光齐齐地对准晋武帝的头，厅内的空气骤然紧张起来，似乎见火就着。

此时，晋武帝已经完全听懂了圣旨的内容，不由得肝肠寸断，冲动之余，脑袋好像动了动。杨骏大喜过望，叫道："圣上认可了，认可了！皇后、何大人，你俩可是亲眼目睹的，没假吧？那明日早朝议事时就将这圣旨发出去！”

杨骏、华廙不置可否，皇后却肯定地道：“圣上是同意了。我一直在这里陪着圣上，完全理解他头动的意思。何大人、华大人也没有怀疑的必要了。此事就办理到这里，二位回府休息吧。我准备了二百两黄金，算是对二位付出心力的代价。二位带上，以供薪俸之不足。”

显而易见，皇后的目的是封何劭和华廙的嘴。华廙不屑一顾：“皇后，就免了吧，书写圣旨是我等的分内事，何用酬而谢之。”

“是啊是啊，就大可不必了！”何劭边向外走边道，“我与华大人就回去了。”

皇后很是尴尬，求助于杨骏。杨骏摆着手：“人家不愿收，那就算了。走吧，二位大人，可要走好，这黑灯瞎火的，以防摔跤。”

华廙还以颜色：“放心吧！杨大人我与何大人走得正站得直，又没做亏心事，摔不倒的。”

一场闹剧就这样结束了。次日一早，这道圣旨便传宣到朝臣们的耳朵里。朝臣们早就预料到会如此，无太多的惊讶。

假旨传宣后的第九天，晋武帝突然清醒了。皇后又惊又怕，不知所措，御医们却意识到晋武帝的死期到了。御医衣伟军便向皇后道：“娘娘，圣上回光返照了，是否召集宗王和群臣们前来？此时最重要，一旦错过，就晚了！”

皇后当然不同意这么做，回答：“既然是回光返照，召集宗王和朝臣前来已经来不及了。”

杨骏一步闯进来，见状也吃了一惊。当他明白发生了什么事情，怕再有他人不期而至，便向晋武帝道：“圣上，有什么话你就说吧，我与皇后洗耳恭听。”

"你与皇后都离朕远点，朕不喜欢你们，快传汝南王前来见朕，朕有话说。"晋武帝厌烦地背过头去："快去，你与皇后都去传汝南王！"

杨骏急中生智，刺激道："圣上不是下旨，让汝南王出镇西域了吗？他大概赴任去了。"

晋武帝痰火上冲，又昏迷过去。这时，杨骏从怀中掏出一块写满字迹的黄绸，在晋武帝眼前抖了抖："圣上，这是你的遗诏，臣读给你听。"他展开来，读道："昔伊望作佐，勋垂不使；周霍拜命，名冠往代。侍中、车骑将军、行太子太傅、临晋侯、领前将军杨骏，经德履哲，鉴识明远，毗翼二宫，忠肃茂著，宜正位上台，拟迹阿衡。以骏为假节、都督中外诸军事，侍中、录尚书、太尉、太子太傅、领前将军如故。置参军六人、步兵三千、骑千人，移址前卫将军杨珧故府。若止宿殿中宜有翼卫，其差左右卫三部司马各二十人、殿中都尉司马十人给骏，令得持兵杖出入。"

这道假遗诏，为杨骏一人所为，连皇后都不知底里，皇后吃惊不小，张着嘴说不出话来。御医和侍从们也都惊得面如土色。这个利欲熏心的杨骏，胆子也太大了，不仅拟造了圣旨，还杜撰了遗诏。可他们谁也不敢站出来驳斥，任凭杨骏胡乱折腾。

晋武帝一息尚存，而且听清楚了"遗诏"上的内容，精神受到严重打击，像春蚕一样，吐出了最后的一丝生命之丝，闭上了眼睛，走完了他五十五个年头的人生之路。这是晋太康十一年四月乙丑日，春已行将归去，落花无数，牵动着人们的思绪，弹落时间的尘封，叩响历史沉重的门扉，追忆那令万物勃发的春光。杨柳却早已成荫，在风中翩翩起舞。天阴沉沉的，继而便雨丝飘飘，如同涟涟的泪水。雷便响起来，伴着利剑般的闪电。哭声传来，响彻了整个皇宫和后宫的十里长街。

贾后之乱

太熙元年（290年）四月，晋朝的开国皇帝司马炎病逝，太子司马衷登基即位，这就是历史上著名的白痴皇帝——晋惠帝。司马衷即位之初，朝廷大权掌握在后戚杨氏手中，太后的父亲、太傅杨骏身任多职，军国大事全权握在手中。他看出皇后贾南风绝非善类，因此任命外甥段广为司马衷的贴身侍卫，同时任命亲信张邵为宫廷禁卫军首领。朝臣有奏，皇帝有诏命，杨骏直接起草由这两人转交给杨太后，从形式上通过皇帝阅览。面对这样严密的安排，贾南风想染指权力，苦于无计可施。

贾后之母郭槐的妒忌基因一点不落地全被贾南风遗传了，如果仅仅是心里嫉妒一下子，也不甚要紧，哪个女人愿意跟别人分享丈夫呢，本是人之常情，但常常嫉妒的话就不好了。贾南风不仅是“常常”嫉妒，还不止停留在心里诅咒，而是贯彻到行动上，是一个彻头彻尾的行动派，史书说她是“性酷虐”，以伤害情敌为乐趣。贾南风曾经“手杀数人”，不仅在精神上消灭对手，同时也在肉体上消灭，其中一次还是“以戟掷孕妾”，贾南风手起刀落，“子随刃堕地”，一尸两命，手段真可谓残忍。

身为人妻的贾南风丝毫不懂得夹着尾巴做人的道理，在司马炎还活着的时候就干了很多残忍的事情，司马炎几次想要替儿子休妻，只是因为耳根子软，虽然每次脾气上来就想休儿媳妇，但是别人一劝阻，就又作罢了，下次脾气一来又想休掉贾南风，别人一劝阻，还是作罢。贾南风就这么过来了，等到司马衷做了皇帝，她理所应当成了皇后。要知道贾南风之前已经做了十八年的太子妃了，十八年里，公公多少次想废太子，另立太子妃，她就这么陪伴着“不慧”的丈夫苦熬着。十八年的时光，她从一个十五岁的小孩子，变成了三十多岁的成年人，岂能容别人染指自己的野心。

杨骏的专权也引起朝臣的强烈不满，贾南风决定趁机发动政变，杀死杨骏。贾后先和汝南王亮联络起兵。汝南王是司马懿的儿子，辈分极高，老奸巨猾，虽然对杨骏心存不满，却不肯出头对付他。贾后转与楚王玮联络，楚王玮是司马衷的兄弟，年方二十，是个好勇斗狠、性情暴躁的少年王子。听说要为朝廷除掉奸臣，这个头脑发热的楚王玮自然是一口答应。

永平元年，贾南风出示皇帝的一纸诏书，声称讨伐杨骏。楚王玮派军队包围皇宫，让听命于杨骏的宫廷禁卫军不敢擅动。杨骏的外甥是皇帝的贴身侍卫，这时却毫无办法，只得跪下来哀求说：“杨骏没有儿子，岂有谋反之理，请陛下明察！”但惠帝对此都茫然无知，哪里做得了主。楚王玮率军冲入杨府，将杨府上下洗劫一空。杨骏被乱军杀死，杨府老少一律处斩，死者数千人，杨骏的亲属和党羽数十人都被杀死，府第亦被焚烧，名将文鸯也不幸死在这场政变大屠杀中。皇宫内的杨太后被废黜囚禁在金墉城，最后被活活饿死了。

诛灭杨骏之后，朝廷中有老臣卫瓘、汝南王亮、楚王玮等巨头，尤其汝南王亮的专权，简直甚于杨骏。贾南风大为愤恨，决定来个借刀杀人，将这三人全部杀死。汝南王亮为了控制朝廷，主张各地诸王回京拱卫，而卫瓘积极支持。这个提议引起了楚王玮的不满，他认为在诛灭杨骏的行动中自己是立了大功的，而没有出一分力的汝南王和卫瓘是在分拆他的胜利果实。贾南风看出楚王玮的不满，于是诬告卫瓘和汝南王谋反，让惠帝给楚王玮下诏平叛。楚王玮得到诏书之后连夜派兵包围了两家的府第，大肆泄愤。汝南王亮被杀个措手不及，连同世子司马矩被乱兵所杀。除小儿子司马羕尚在襁褓，在混乱中由家仆抱出府外，其他一家老小全被处死。老臣卫瓘的命运与汝南王亮的相似，他和子孙九人被楚王杀死，只有孙子卫璪、卫玠当时不在家里，不曾遇害。当夜，楚王玮的心腹岐盛劝其主子，应趁兵权在手，将贾南风一举除灭。但年轻粗莽的楚王玮对此并没有思想准备，犹豫不决。很快，楚王玮就要为自己的犹豫后悔了。

一夜之间，两场政治大屠杀，包括两位朝廷大臣在内的数百人死难，朝野大为震动。大臣张华上疏指出：“两位大臣在一夜间被杀，非同小可。楚王矫诏擅杀，形同谋乱，罪在不赦。为稳定局面，应立即解散军队，逮捕楚王玮。”这个要求正中贾南风下怀，她请示皇帝：“楚王玮拥兵作乱，罪大恶极，应杀之以谢天下。”惠帝稀里糊涂地就下了旨。前来逮捕的人到楚王军中，拿出皇帝的诏书，称楚王玮“矫诏擅杀，革职拿办，余者不问”。将士们听了，丢掉武器，四下散去。可怜这楚王还莫名其妙，在被杀头之前大哭说：“我也是先帝的亲生骨肉，奉诏讨贼，怎么会受此奇冤！”他把那张诏书拿出来，但是已经形同废纸了。

贾南风一石数鸟，先以楚王玮除掉太傅杨骏，又借刀杀人除去汝南王亮，一转手又把楚王玮送上了断头台，每一招都是厉害凶狠。她把自己的白痴丈夫握在手心，开始发号施令，广施威福，一时间炙手可热。为了培植势力，贾南风大力委任亲信，树立党羽，笼络文人。贾南风的宗亲贾谧红极一时，招揽了一批文人雅士“二十四友”，其中包括石崇、左思、陆机、陆云等人。

贾皇后一共生了四个公主，却没有皇子。当时的太子司马遹是先帝的才人谢玖所生。早在贾南风进宫前，先帝司马炎考虑到司马衷年幼痴呆，就让谢玖到东宫侍寝，谁知谢玖竟得怀孕，生下小皇子司马遹。司马遹聪明伶俐，深得皇帝的喜欢。贾南风十分嫉妒，决意使计废除太子。

元康九年（299年）十二月，贾南风诈称皇帝有病，要太子觐见。贾南风派奴婢端来三升酒，以皇帝赏赐为由，把太子灌得大醉。贾南风又让黄门侍郎潘岳（著名的美男子）模仿太子的口吻书写了一篇表文，逼迫酩酊大醉、神志不清的太子照样抄写一遍。表文曰："陛下宜自了，不自了，吾当入了之……"惠帝见到表文，以为太子要他自己了结自己，如此大逆不道，于是勃然大怒，便下诏赐死太子。大臣们极力为太子开脱，觉得表书有诈，但又举不出证据来。经过大臣们争取，太子才免一死，被废在金墉城。

本来汝南王、卫瓘、楚王玮等人被杀，大臣们就够恼火的了，现在太子被废，朝野内外一片愤怒。贾南风越"玩"越大，引火烧身，再也无法控制局势。司马懿的第九子赵王伦手握兵权，决定起兵反对贾家，拥护太子。赵王伦平时和贾家走得较近，有些犹豫不决。赵王伦的谋臣孙秀说道："太子聪明刚猛，一定不愿受制于人。您与贾后素来关系密切，人所共知。太子若重新复立，一定不会放过您。可以先设计让贾后除掉太子，再以此为借口讨伐贾后，岂不一举两得？"赵王伦采纳了这个主意，让人在宫中到处散布有人想拥立太子的消息。贾南风顿时恐慌起来，她决定干脆除掉太子，以彻底免除后患。

贾南风杀死太子，她的命运也就走到了尽头。赵王伦迅速以此为借口讨伐她，外地好几个王侯进京共同策应。贾氏党羽被一网打尽，贾南风被废为庶人囚禁于金墉城。没过多久，这个臭名昭著的皇后在那里被毒死，但是由她开启的皇族大动乱至此已一发不可收拾了。

八王之乱

“八王之乱”时，赵王伦年近七十，也没有什么本事，诛杀贾后夺权等一系列行动实际上都是他的中书令孙秀策划、执行的。一时间，这个出身小吏的孙秀成为全国最有势力的人。“八王之乱”的战事竟始于一个小人物，倒也有趣。

当时和赵王伦争夺最高执政权最有力的人是淮南王司马允，赵王伦极不放心，就封他为骠骑将军，领中护军。孙秀还是不放心，写了一封“诏书”要淮南王削兵权。淮南王允一看“诏书”竟是出自孙秀的手笔，便勃然大怒，当即率所统七百精兵向皇宫杀去。宫门紧闭，淮南王无法攻入，便转而围攻赵王伦的府第。这一仗打了近四个时辰，最后赵王伦派了一支外军诈称“有诏助淮南王”，趁其不备杀死淮南王允。这次事变，连同被牵连而死的有好几千人。这个小战役只是宗室内战的第一仗。打败淮南王允之后，赵王伦篡位的企图日益明显。他蹈袭曹魏代汉、晋代曹魏的先例，给自己加“九锡”，另外扩充府兵达到三万人。

一切准备就绪，永康三年（301年）正月，赵王伦宣布称帝，并将惠帝废在金墉城。早就磨刀霍霍的各地诸侯趁机以讨贼的口号造反，杀奔京城。这里面较有实力的是镇守邺的成都王司马颖、镇守关中的河间王司马颙、镇守许昌的齐王司马冏。常山王司马乂的势力不大，加上和成都王颖

接邻，于是把自己的军队作为成都王颖的后军，随同出征。

四王三军，齐腾腾杀奔洛阳。朝廷的赵王伦派了两支军队前去“平叛”，都被杀得大败。成都王颖的军队很快就渡过黄河，直逼洛阳。宫廷内陷入一片恐慌和混乱，禁卫军为了自保首先叛变，他们杀死孙秀，逼赵王伦写退位诏书，恭迎惠帝复位。第二天，惠帝复位，派人迎请四王入京。只做了几天皇帝的赵王伦羞愧交加，用巾帕蒙着脸哭道：“是孙秀害了我！是孙秀害了我！”他的命运从兵败的那一日就定了下来，赵王伦被赐自杀，伪朝廷所用的官员全部斥免。

这一场“叛乱”和“平叛”持续两个月，共造成十万人死亡，洛阳城台府库遭到严重破坏。这仅是皇族大混战的第一个段落，进入洛阳的四王很快就开始了内讧。

惠帝根据这次“平叛”的功劳，给四个王论功行赏。齐王冏为大司马，加九锡；成都王颖为大将军、录尚书事，也加九锡；河间王颙为侍中、太尉，加三锡；常山王义为抚军大将军，领左军，不久又改封为长沙王。这四个人中，成都、长沙二王都是惠帝的亲兄弟，是年轻王子；齐王是惠帝的堂弟兄，时当中年；而河间王则比惠帝和上述三王都长一辈。成都王颖和齐王同并非亲兄弟，但却平起平坐，当时有人劝齐王同说：“如果不能与成都王同心辅政，就该剥夺他的兵权。”长沙王义偏向亲兄弟，就劝成都王颖一举除掉齐王冏。几派在暗暗较劲，成都王决定以退为进，以母亲程太妃身体欠佳为理由，须回邺侍病，让齐王独掌朝政。朝臣一看，成都王退让有孝，还吩咐士兵收敛败军赵王伦士兵的遗骨，是个贤王。反观留在朝中的齐王冏独专朝政，兴造府第，宴乐无度。两相比较，大臣们不禁叹息，并且预感会有大事发生。

惠帝永宁二年（302年），河间王颙率先发难，他上表请求同为执政的长沙王剥夺齐王的权力，迎请成都王辅政。上表的同时，河间王派了一支军队往洛阳进发。洛阳内的长沙王反应很快，率领一支一百多人的禁军以惠帝名义讨伐齐王冏。齐王放火烧了宫门，并派人到处喊：“长沙王矫诏。”但是没有人听他的了，该怎么杀还是怎么杀。齐王冏被杀，长沙王成了朝廷的执政者。这是“八王之乱”的第二个阶段。

长沙王在洛阳掌权后不久，很快就和成都王司马颖不和。他的亲兄弟成都王就联合河间王颙派军讨伐。成都王出兵二十万，河间王出兵七万，浩浩荡荡就往洛阳进发。长沙王有些胆怯，决定扛出那个几乎被忘掉的惠帝司马衷，御驾亲征。长沙王颖虽然势大，却是屡战屡败。他的领军将领是著名的江东才子陆机，陆机显然不擅长领兵，北方的将领都看不上这个江东来的文人将军，不愿意协同配合。成都王颖的监军宦官孟玖和陆机、陆云兄弟有些私怨，趁军队打败仗时向成都王颖进谗言。成都王颖不辨是非，派人逮捕陆机和陆云。当时很多人都对成都王颖劝谏，说陆氏兄弟是被诬陷，成都王没有听进去，稀里糊涂地就杀掉了一代名士。

洛阳城被围，时间长达半年，城里发生了饥荒。长沙王这时越来越支撑不住，军队越打越没有信心。在这样的情形下，城内又发生了内讧。长沙王乂的盟友东海王越发动兵变，将长沙王扣留，并请惠帝下诏，两军停战。这场历时半年多的围城战打了半年，战死、饿死的人不计其数。长沙王乂被交给河间王颙的部将张方，在前线吃尽苦头的张方为了泄恨，竟把长沙王乂放到炭火上活活烤死了。

获得胜利的成都王颖得意扬扬，被封为皇太弟。这个微妙的称号表明：成都王也有称帝的野心。于是，这场大混战过去不久，东海王越宣布讨伐成都王颖，把战事继续扩大。

东海王越本意是趁成都王元气还没恢复一举将他打败，来个“渔翁得

利”。但是没有想到，成都王虽然在和长沙的大战中损失过半，但他的部将石超竟作战勇猛，抵抗住了东海王的进攻，两军陷入了长期的厮杀。在混战中，皇帝被抢来抢去，竟也中箭受伤。文官嵇绍（嵇康的儿子）为了保护皇帝被乱军所杀，“血溅帝衣”。惠帝虽然低能，还有点良心，一直保存这件血衣作为纪念。

这场混战之后，东海王越成了最终的胜利者。成都王颖被打败诛杀；河间王颙本来是要投降东海王，但还是在半路上被杀。这次连皇帝也不能幸免，这个在乱世中做了十几年皇帝的司马衷被东海王越毒杀，他的弟弟司马炽即位，是为晋怀帝。

至此，中国历史上最混乱的内战终于结束。加上贾南风时的争斗，这场历时近二十年的混乱被称作“八王之乱”。这八王分别是：汝南王司马亮、楚王司马玮、赵王司马伦、齐王司马冏、长沙王司马乂、成都王司马颖、河间王司马颙、东海王司马越。

匈奴崛起

西晋皇族的互相残杀给北方戎狄民族的趁势崛起提供了千载难逢的机会，司马氏骨肉相残的悲剧还没有退场，五胡十六国已经迫不及待地登场了。第一个在北方建立胡族政权的是匈奴刘渊。

说到匈奴，得把目光投回到东汉时代。东汉王朝曾与匈奴有过交战，多次击败匈奴，导致匈奴分裂为南、北两部，北匈奴逃往西域，南匈奴一部向汉朝投降，被汉朝安置在长城以南，作为对抗北匈奴的藩属。汉末大乱，南匈奴也开始有了一些小动作。董卓扰乱天下，南匈奴单于于扶罗趁机攻入河东郡县，就此驻屯平阳一带。献帝兴平二年（195年），李傕、郭汜作战，于扶罗在帮助汉献帝平乱时趁机在陕、甘一带大肆掳掠，蔡邕的女儿蔡琰（蔡文姬）就是在这时被掳去的。于扶罗死后，其兄弟呼厨泉做南单于。曹操统一中原后，就把南匈奴的人众分为五部，选拔其中的贵人做首领。这时，匈奴的势力已经扩展到山西、河南一带。曹操任命的首领是于扶罗的儿子刘豹，而刘豹的儿子正是后来复兴匈奴的刘渊。

由于祖孙三代已经进入汉族居住地区，刘渊的汉化程度非常高。他拜名儒崔游为师，学习《易》《诗》《书》等典籍，尤其爱好《春秋左传》《孙子兵法》，并能熟读成诵，同时也读过《史记》《汉书》和诸子百家。刘渊还具有匈奴人孔武有力的体格，臂力过人，善于射箭。刘渊非常崇拜汉高祖刘邦，鄙薄刘邦的手下，常说："陆贾这些人有文无武，灌婴等人有武无文。"言下之意，他自己是文武全才。

刘渊的才华在洛阳时就得到了赏识。晋武帝灭吴时，他曾被举为元帅，树机能叛乱时，他也曾被推荐平叛，但由于他的匈奴身份，始终得不到信任和重用。他在晋朝担任的职务总是一些不能领兵的左部帅、北部都尉、五部大都督等闲职，受到成都王司马颖的控制，为此刘渊非常不满。当然，如果不是晋朝内乱，他也不会在历史上掀起多大的波澜。

"八王之乱"造成的混乱局面给了匈奴贵族趁机崛起的机会。刘渊的堂祖父、右贤王刘宣看到晋朝皇族互相残杀，就对族人说："自从汉朝灭亡以来，我们的单于都是徒有虚名，不再有一寸土地，其余的王侯，地位降到与老百姓一样。现在司马氏骨肉亲人互相残杀，四海动乱如同鼎中沸腾的开水，光复呼韩邪的事业，这正是时候！"于是互相谋划，推举刘渊

为大单于，并派心腹呼延攸到邺城去告知。刘渊知道后十分高兴，便以会丧为借口请辞。司马颖不允许。刘渊只好密令呼延攸先回去，通知刘宣等人召集五部匈奴以及各小民族的积蓄力量，加紧准备，伺机反晋。

永安元年（304年），正是“八王之乱”交战正酣的时候，成都王司马颖兵力不济，难以应付。刘渊抓住这个机会，自告奋勇向成都王请命说，愿意发匈奴五部之兵助战。成都王想也没想就答应了。刘渊回到左国城（今山西省离石市），刘宣等人立即给他上封大单于称号。二十多天时间，刘渊就召集了五万人马，建都左国城，称国号为“汉”。刘宣等人请求刘渊上一个尊号，刘渊说：“现在四方都没有平定，暂且按照汉高祖那样称汉王吧！”于是，刘渊祭天于南郊，登上汉王王位，宣布大赦，改年号为元熙。

刘渊在中原居住几十年，汉化程度非常高，熟谙汉族人的心理，有几件事情可以说明一二。刘渊起兵称大单于之后做的第一件事是派五千骑兵去救成都王颖，部将们不能理解，既然我们已经另起炉灶了，为什么还要理会晋朝的家事。刘渊说：“我已经答应了他，不可以不救。”这话当然是一种政治“秀”，意在表明自己诚信待人，和司马家族的诡诈完全不一样。另外，刘宣等人一心要“复呼韩邪之业”，而刘渊却说：“呼韩邪何足效哉！”他要做的事业是建立汉朝一样伟大的朝代。他心目中的英雄是刘邦、曹操。刘渊的头脑很清楚，如果自己亮出匈奴的旗号，肯定不受汉人拥护。他决定利用匈汉和亲关系，把汉朝作为自己的家事，每当说到刘邦，总要说“我高祖”。为了表示尊汉，不仅痛责自己心目中的偶像曹操，也对刘备未能完成复兴大业深表惋惜。从这些政治“表演”可以看出，刘渊是一个极有政治头脑的高明人物。

刘渊建国之后，派兵四处攻略，一切进行得有声有色，他本人也于晋永嘉二年（308年）正式称帝。刘渊甚至还想到偷袭洛阳，一举消灭晋朝。经过两次进攻，洛阳始终无法攻下，还损失了几员大将。刘渊觉得大概晋朝的气数未尽，因此退兵，四处扩大地盘。

刘渊于晋永嘉四年（310年）去世，太子刘和嗣位。不久，皇子刘聪杀死他的兄弟，夺得帝位。刘聪再接再厉，终于攻陷洛阳灭亡了晋朝。由于匈奴汉国后来因家族内篡改称赵，因此在十六国史上，这个国家也称为前赵。

后 记

所谓“盛世”，在历史上是指中国社会发展中一些特定的阶段，是国家从大乱走向大治，在较长时间内保持繁荣昌盛的时期。在中国两千多年的封建历史长河中，出现过很多这样的“盛世”阶段，从“文景之治”到“晋武帝之治”的汉朝盛世、从“贞观之治”到“开元全盛”的大唐盛世以及清代的“ 康乾盛世”等。这些时期，一方面确立了中国传统“盛世”概念的基本内涵，另一方面也都没能避免“盛极而衰”的结局，因而给后人留下了无尽的话题与思索。

纵览历史，各个盛世都具有一个共同的特征，那就是国家统一、经济繁荣、政局稳定、社会安定、国力强大、文化昌盛等。为了更好地反映历史中的这些盛世风华岁月，我们策划编写了本套“盛世风华系列”丛书，丛书选取了中国历史上的“十大盛世”进行编写，主要讲述了那些为中国历史的发展进程起到不可或缺作用的历史事件和人物故事，内容精彩，可读性强。

“盛世风华系列”丛书在编写的过程中参阅了大量文献资料和研究成果。同时，为了全面准确地传递知识，还特选部分精美图片辅助说明，但由于文字图片权源分散或作者不详，无法与诸权利人一一联系。鉴于以上原因，该系列丛书编者为尊重作者权益，我们真诚地期望本书所用资料的权利人与我们取得联系，提供有效的版权证明并领取相关使用费。特此声明并为不周处先此致歉！

邮箱：AAA@sina.com　联系人：若木